每天读点
零售心理学

程鹏 ◎ 著

中国纺织出版社有限公司

内容提要

销售，说白了就是一场心理的较量，如何让客户接受产品，并心甘情愿地购买，是销售员的主要工作任务。为此，谁能掌控客户的心理，谁能了解客户的需求，谁就能赢得客户，完成订单。

本书就是从心理学角度出发，针对很多销售员在推销过程中遇到的实际问题，给予最专业的分析和指导，让广大销售员轻松了解并掌控客户的心理变化，赢得客户的心理认同，最终轻松推销，提升业绩！

图书在版编目（CIP）数据

每天读点零售心理学 / 程鹏著. --北京：中国纺织出版社有限公司，2020.7（2025.6重印）
ISBN 978-7-5180-7240-8

Ⅰ.①每… Ⅱ.①程… Ⅲ.①零售—商业心理学 Ⅳ.①F713.55

中国版本图书馆CIP数据核字（2020）第043573号

责任编辑：闫 星　　责任校对：江思飞　　责任印制：储志伟

中国纺织出版社有限公司出版发行
地址：北京市朝阳区百子湾东里A407号楼　邮政编码：100124
销售电话：010—67004422　　传真：010—87155801
http://www.c-textilep.com
中国纺织出版社天猫旗舰店
官方微博http://weibo.com/2119887771
河北延风印务有限公司印刷　各地新华书店经销
2020年7月第1版　2025年6月第5次印刷
开本：880×1230　1/32　印张：7
字数：128千字　定价：39.80元

凡购本书，如有缺页、倒页、脱页，由本社图书营销中心调换

◇◆ PREFACE ◇ 前　言 ◆◇◇

　　现代社会，随着经济的繁荣和社会的发展，人们的物质生活得到了极大的改善，对商品的需求量也逐渐增大。可以说，我们已经进入商品社会，有商品自然少不了交易，有买就有卖，在这样的社会大潮下，销售也就瞬时成为一个热门行业，销售员的数量也在逐年增长。然而，任何一项职业技能的获得绝不是一日之功，如何将产品推销给客户，如何提升销售业绩，成为众多销售员在努力探讨和学习的问题。

　　在现实的销售工作中，作为销售员，都希望能顺利将产品推销给客户，然而，面对陌生的推销人员，客户似乎总是带着戒备心。所以，不少销售员感慨："为什么我还没开口，就被客户拒绝呢？"也有一些人称，客户明明对产品表现得很有兴趣，为什么就是不买呢？客户到底在想什么？为什么已经把价格让到最低了，客户还是觉得贵呢？

　　对此，美国一位著名的销售员指出："推销的98%是对人的理解，2%是对产品知识的掌握。"销售工作的目的是推销产品，而过程则在于销售员对客户心理的把握和对客户的了解程度。

　　的确，有些时候，销售员做再详尽的产品介绍，也抵不过解答一句客户的疑问。销售员尽量多地了解客户的心理需求和心理疑问，才能更加了解客户，也才能更为有效地推销产品，只要恰到好处地解答客户担心的问题，销售工作的成功也就不难实现。

　　其实，销售员困惑的原因来自他们没有把握客户的心理动

每天读点零售心理学

向。赢得客户的信任是销售员完成销售任务的前提,而销售员是否能灵活运用一些心理技巧便成了销售成败的关键之所在。

专业调查机构的调查显示,在销售过程中,假如销售员能运用符合客户心理需求的销售方式进行推销的话,那么,销售成功的可能性为53%左右,但是假如采用一般的推销方式的话,成功率只有24%。可见,销售过程中,充分掌握客户的心理,能大幅度提高销售的业绩,让销售员事半功倍,能在最短的时间内将更多的产品卖出去。

实际上,那些经验老到的销售精英也是心理学大师,他们在推销某个产品前,绝不打无准备的战斗,对于客户的心理需求、购买意向等,他们都会做全方位的了解,而在销售过程中,他们也会根据客户的具体心理动态逐渐调整自己的推销策略,进而驾轻就熟地掌握整个销售进程。

作为销售员,你是否希望成为这样的精英呢?你是否希望提高业绩呢?你是否希望找到一条"快速通道",以便能以最便捷的方式掌握销售秘诀呢?这就是本书的编写初衷。

本书正是从心理学的角度出发,本着实用有效的原则,结合生活中的一些现实案例,给予分析,并将一些心理学技巧全方位、巧妙地运用到销售过程中。本书通俗易懂,为刚刚进入销售行业和正在从事销售工作的朋友提供了切实可行的指导方法,实用性强,随学随用。阅读本书,你可以更好地进行销售工作、提高销售业绩,继而在现有岗位或未来的岗位上做出一番成就。

作者
2019年12月

◇◆ CONTENTS ◇目　录◆◇◇

第1章　销售员把握客户心理，销售就是一场心理暗战 _001

　　　知己知彼，销售需要洞悉客户的购买心理 _002

　　　客户都有害怕上当受骗的心理 _006

　　　客户都渴望得到别人的关心 _010

　　　客户都希望买到物美价廉的产品 _012

　　　把握客户心理，挖掘并创造客户的需求 _016

第2章　解除心理防线，初次沟通就能赢得客户的信任 _021

　　　首因效应：从第一印象就开始赢得客户的心 _022

　　　投石问路，先谈一些客户感兴趣的话题 _026

　　　谈谈自己的经历，拉近彼此距离 _029

　　　表露真诚，站在客户的角度推销 _031

　　　诚信沟通，效果更为直接 _033

　　　用真诚赞美打动客户的心 _036

　　　凸显专业素质，让客户深信于你 _039

　　　借助肢体语言来表现诚意，赢得客户信任 _042

第3章　客户拜访心理学：把握细节才能敲开客户的心门 _045

　　　多与客户接触，让客户了解你 _046

　　　拜访中尽快消除与客户的心理隔阂 _048

寒暄式开场，营造轻松良好的交谈氛围 _051

拟订一份详细的拜访计划会让你更有底气 _055

拜访中就要引起客户强烈的好奇心 _058

对爱面子的客户灌点"蜜语甜汤" _062

循序渐进，拜访中销售目的不能太明显 _064

别在拜访时就让客户有机会拒绝你 _067

用点心机，留下下次拜访的话茬儿 _069

第4章 网络销售心理学：愉悦体验让客户自动找上门来 _073

利用网络搜索潜在客户 _074

借助网络市场，让客户不请自来 _077

借助微博的强大吸粉能力进行产品宣传和推销 _079

注重客户好评，让客户的满意度为你说话 _083

促成成交需要对客户多提示 _086

第5章 电话销售心理学：掌控话题轻松赢得大订单 _091

与客户套近乎，轻松赢得客户心 _092

将你的友好态度注入声音中 _095

巧妙引导，套出客户的真实想法 _099

电话营销中的幽默能化解尴尬 _101

别在电话里就让客户说出"太贵了" _103

在电话里就捕捉到客户额外的需求 _105

谨慎言辞，电话里有些话是禁忌 _107

妙用激将法让客户在电话中就答应约见事宜 _111

讲究礼仪，把挂电话的主动权交给客户 _114

第6章　激发客户的购买欲望：把握客户真实的内心诉求 _119

嫌货才是买货人 _120

让客户看到产品的销售量和畅销程度 _124

对比法让客户看到产品的优势 _127

为客户制造产品短缺的假象 _130

掌握应付不同消费群体的销售策略 _133

第7章　到什么山唱什么歌，找到不同客户的心理"软肋" _139

感性客户——用温情打动他 _140

犹豫不决型客户——适度施压加快成交脚步 _142

冲动好胜型客户——激将法助你搞定 _144

沉默型客户——情境模拟法让他主动开口 _147

从众型客户——借用外在影响力使其拿定主意购买 _151

专门挑刺型客户——忍耐和顺从 _152

追求个性型客户——强调产品独特性 _156

爱慕虚荣型客户——多说点甜言蜜语 _159

对于不同年龄段的客户如何劝购 _160

第8章　善于观察，发现客户身体语言中暗藏的购买信息 _163

洞察客户的微表情，读懂客户心思 _164

客户各类手势所传达的信号 _167

从客户的站姿读懂客户的心理 _170

从客户的坐姿读懂客户的心理 _173

客户频繁点头真的是表达认同吗 _176

第9章　用心倾听：会"说"还要会"听"，
　　　　聆听是最好的销售语言 _181

倾听是了解客户真实心理的最佳方式 _182

从倾听中读懂客户的喜好，再找到沟通重点 _185

制造共鸣，让客户愿意向你倾诉 _189

倾听也要回应，别让客户唱"独角戏" _192

虚心请教，让客户乐于为你提出批评与建议 _196

听者有心，学会将话题转移到销售上 _197

第10章　心理暗示，成功推销的关键是始终把握客户的心理走向 _201

善用语言技巧，始终掌握谈话的主动权 _202

欲擒故纵，让客户一开始就对产品充满期待 _203

封闭式提问，潜入客户的思维 _207

利益引导法，如何利用客户爱占便宜的心理 _209

妙用心理暗示，让客户迅速做出购买决定 _213

参考文献 _216

第1章

销售员把握客户心理，销售就是一场心理暗战

销售过程中，口才的重要性已经毋庸置疑，我们想要卖出产品，就要与客户沟通，然而，真正的口才并不是喋喋不休地陈述产品的属性，而是要了解客户的购买心理。要知道，我们都希望以最大价格差卖出产品，而客户也希望能买到质优价廉的产品，这就形成了心理较量。很多销售中的问题，如你说的销售语言能不能起到作用、能不能成功吸引客户，以及能不能让客户信任你的产品，都与是否能掌握客户的购买心理有关，假如我们能掌握客户心理，把话说到客户心坎上，让客户购买也就容易得多！

 每天读点零售心理学

知己知彼，销售需要洞悉客户的购买心理

作为销售员，我们深知一个道理，在销售行业中，业绩才是王道，是提升我们生活水平、职场地位的重要前提，所以，在每个销售员的心中，就有这样一个美好的愿望——"在恰当的地点、恰当的时间，以恰当的价格、使用恰当的促销方式把恰当的商品卖给恰当的人"。这一美好愿望的实现并不是不可能，只是需要我们把握一个前提——洞悉客户的购买心理，了解客户的真实需求。

在专业的销售课程传授中，大概很多销售员都熟知一个概念——"准客户"。所谓"准客户"，顾名思义，就是有购买意向的人。所以，购买意向是决定性要素，如果没有购买意向，就像爱好清净的和尚对摇滚音乐碟片没需求一样，无论销售员如何费尽唇舌，如何费尽心机，也不可能将其产品推销出去，从而达到让其购买的目的。当然，没有绝对不变的事物，对于那些在未来可能有产品需要的客户，销售员也要采取各种方式，使其变成潜在客户，变不可能为可能。

美国有一位出色的保险销售员，他头脑灵活、口才出众，因此，在保险业小有名气。

有一次他去拜访一位客户，这位客户是一家食品店的老

第1章 销售员把握客户心理，销售就是一场心理暗战

板，他这次推销的任务是一份价值6000多美元的人寿保险。

很快，他进入正题，问客户："您好，斯科特先生，您是否可以给我一点时间，为您讲一讲人寿保险？"

客户："抱歉，我的时间很紧，谈保险对于我来说简直就是浪费时间。你看，我现在都60多了，好几年之前我就已经停止购买保险了，现在儿女也已经成家立业，只有我和老伴住，所以即便我遇到什么意外，我的亲人们也有钱过舒适的生活。"

在一般的保险业务员看来，面对这样的拒绝，估计是要放弃了。但是这位金牌销售员却没有放弃，而是继续问："斯科特先生，您是个成功的企业家，您除了关心家庭和亲人外，肯定还有其他的爱好，如对医院、宗教、慈善事业的资助。您是否想过，您百年之后，它们可能无法正常运转？"

见斯科特没说话，这位销售员立即认识到，自己的话估计是起到作用了，于是，继续说下去："斯科特先生，购买我们的寿险，不论您是否健在，您资助的事业都会维持下去。7年之后，假如您还在世的话，您每月将收到5000美元的支票，直到您去世。如果您用不着，您可以用来完成您的慈善事业。"

听了这番话，斯科特的眼睛变得炯炯有神，他说："不错，我确实资助了3名尼加拉瓜传教士，这件事对我很重要。你刚才说如果我买了保险，那3名传教士在我死后仍能得到资助，那我总共要花多少钱？"

"6672美元。"

 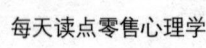

最终，这位金牌销售员成功地推销出去这份寿险，他的名字叫库尔曼。

一般情况下，人们购买保险，是为了让自己和家人的生命以及生活得到保障，在这一保障已经确定的情况下，对于上门推销的寿险销售员，人们是会拒绝的。但这里，库尔曼却通过不断追问，终于套出了连斯科特自己也没意识到的另一种强烈需要——慈善事业。当库尔曼帮助斯科特找到这一深藏未露的需要后，购买寿险来满足这一需要，对斯科特而言就成了主动而非被动的事。

一些经验尚浅的销售员会问，我们该如何了解客户的真实需求呢？这需要我们运用一些心理技巧，并掌握套话的策略。逐步套话，挖掘出客户潜在的某些需求，令客户成为潜在客户，也并非难事。对此，销售员可以遵循以下几个步骤。

1. 先从客户感兴趣的话题切入

一般而言，在面对陌生的销售员时，客户会本能地抗拒，并且他们会寻找一些借口，如不需要、没时间等，其实，这是因为销售员没有找到正确的谈话方式。

事实上，人们都有自己感兴趣的话题，我们的客户也不例外。在销售员正式谈销售问题之前，最好先细心观察，找到客户感兴趣的话题，方能引起客户谈话的欲望。

2. 掌握追问的方式，发现客户最强烈的需要

推销成功的秘诀还在于找到人们心底最强烈的需要。那么，怎样才能找到客户内心深藏不露的强烈需要呢？

3. 注意倾听，不要一味地推销和诉说

很多销售员都知道倾听在与客户交谈中的重要性，客户都有倾诉的愿望，那么，如何倾听呢？

销售心理学认为，倾听要遵循两只耳朵一张嘴即2:1的原则（听与说比例为2:1），倾听客户谈话，一方面是对客户的尊重；另外一方面也能帮助我们了解客户。

同时，对不同类型的客户，还要采取不同的交流方式。对待老年人，要像对待父母一样表示尊重，要放慢语速，语重心长，表现出成熟稳重的姿态；对待中年人，要善用赞美，在言谈中多提及对方的成就；对待青年人，要放开谈自己的思路、运作模式、营销理念，让其心驰神往、口服心服，从而乖乖就范。

4. 进行心理暗示

例如，你可以这样发问："为人父母，都要尽可能地让儿女受到最好的教育，怎么样？您考虑过筹集费用的问题吗？"

当我们做出这样的暗示后，要给客户一些充分的时间，以便这些暗示逐渐渗透到客户的思想里，进入客户的潜意识里。

总之，销售员在与客户交谈的过程中，如果能做到积极猜测、大胆询问、学会套话等方面，是能获得潜在客户的信任并了解其内心真正需求的，并让其成为准客户！

每天读点零售心理学

客户都有害怕上当受骗的心理

作为销售员，可能都有这样的经历，在推销中，还未等你开口，客户好像就明确表示拒绝，无论你怎么劝说，客户还是不改初衷，或者客户明明想要购买了，却还是心存疑虑，迟疑不定……这是为什么呢？因为客户对销售员心存芥蒂，他们认为，销售员都是来挣他们钱的，所以是为了推销而推销。客户之所以产生这样的心理，也多半是因为曾经有过不好的购物经历。此时，如果你苦口婆心地继续推销，不但不能说服客户，可能还会招致客户的厌恶，而假如我们能对客户的疑虑表示理解，并拿出让客户信服的证据，那么，客户是很有可能消除芥蒂的。

一天，在某商场的电子产品专区来了一位先生，导购员问明其来意，原来这位先生是想为自己的新店购买一款电子监控设备。在销售员的一番介绍后，这位先生终于表态了。

顾客："这款产品真有那么好？我看你是吹的吧？"

销售员："关于产品的性能，刚才我已经具体为您演示过了，同类产品我也进行了一番比较，相信您也看出来这一款产品是所有产品里性价比最高的，不仅技术先进，价格也相对优惠很多。"

顾客："可是，这款产品的外壳怎么看起来这么薄呢，很

第1章 销售员把握客户心理，销售就是一场心理暗战

容易破掉吧？"

销售员："表面上看，它的外表是普通塑料，但其实是新型材料——×××型塑料，坚固耐用。之所以这么轻薄，就是为了减轻重量，安装起来不占用空间。"

顾客："好的，那给我拿一款吧。觉得还可以吧。"

导购人员正准备为这位先生包装产品，然而，就在此时，这位先生新的问题又来了，他说："你给我的这款上面这个是什么啊，怎么看着这么旧，不会是人家的退货吧。"

此时，导购员已经被顾客说得有点不耐烦了，但还是抑制住情绪，因为他知道，一般客户怕被骗。所以，他继续耐心地回答："这个您放心，这是一款颜色较暗的机器，并不是旧产品。这种暗色调是最近几年的主打色调。"

顾客："哦，原来是这样啊。那你给我包起来吧。"顾客说完，导购员终于松了一口气。

的确，在销售过程中，不少销售员都遇到过这样的顾客，他们好像对销售员说出的每一句话都怀疑，他们警惕性很高，似乎总是有担心不完的问题，生怕自己被骗。对于这样的客户，销售员一定不要着急，保持耐心，即使不耐烦，也要调整心态，继续引导客户消除怀疑。

事实上，我们的客户之所以多疑，是有一定的心理原因的，而最为重要的就是他们曾经有不好的购物经历，如购买到

 每天读点零售心理学

劣质产品，所以以后再与销售员打交道的时候，他们往往戒备心比其他人更重，他们非常小心谨慎，害怕再上当受骗。

其实，即便是没有这种经历的客户，有这样的心态也很正常，了解顾客的购买心理和他们的情感，能让他们感受到被理解和认同，有助于我们销售工作的开展。那么，我们该如何做才能消除顾客的这一心理呢？

1. 说话时态度诚恳、言语真挚

真正口才好的销售员，一定是把话说到客户心里去的，而不是口若悬河。他们在与客户初次见面时，往往懂得对客户的疑心表示理解。

你不妨诚恳、清晰地表达你的观点，话语不可过多，注意说话方式，诚实、中肯地说话就能让客户感觉你是一个可信之人。相反，如果销售员眉飞色舞、唾沫横飞，就会给顾客造成一种华而不实的印象，进而会把这种感觉过渡到你的产品上去。

2. 事实胜于雄辩，展示让客户信服的证据

有时候，客户对你的话总是心存疑虑，此时，你不如直接向客户出示一些实在的证据，如产品的销售业绩表、产品合格证等，证明你说的话是真实的，这样就可以令他信服。

3. 主动承认产品中的一些小问题

在产品质量和性能上，销售员可以适当表示出对顾客意见的认同，甚至可以主动承认产品的一些小问题，当然这些问题

是无伤大雅的,不会影响到产品的使用。这样,可以换得客户的信任。例如,"我们的产品在技术层面是一流的,但在营销策略上,还没有到三线城市,所以一些消费者还不知道,这是我们需要改进的地方。"

事实上,完美的产品根本不存在,如包装、价格等方面,在推销的时候,应该有所选择地阐述给客户。一定要诚实地跟客户说清楚,不然等到客户找上门追问的时候,就不好回答了。

另外,在销售行业,销售员的业绩并不是完全靠三寸不烂之舌得来的,还需要销售员诚信推销,积累信誉,客户在看到销售员的人品、责任心之后,就会将其与产品联系起来,也就会愿意接受销售员的推销。并且,在如今企业用人的标准中,品德第一,能力是第二位的。销售员在推销产品时,一定要站在客户的角度推销,真诚地为客户服务,绝对不能欺瞒客户,更不能有半点虚假或者夸大其词。

总之,在销售工作中,销售员在正式推销前,一定要做到消除客户害怕被骗的心理,做到诚实守信、实事求是地对待客户,这样与客户沟通起来才能更加顺畅,也才能更加赢得客户的信赖。

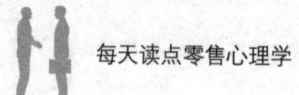
每天读点零售心理学

客户都渴望得到别人的关心

我们都知道,人是有感情的,客户也不例外,销售员在与客户打交道的过程中,如果能把话说到客户心坎上,触及客户的内心,并产生积极的作用,那么,推销也就成功了。因为谁都希望得到他人的关心,销售员如果能从这一方面与客户进行沟通,是能打动客户并成功推销的。

小李是一名保险销售员,与他打交道的客户,都和他成了好朋友,其中重要的原因就是小李很关心客户,客户经常在购买保险后,还推荐给朋友,一些犹豫的准客户,也因为他贴心的服务而购买保险。

一次,他听同事说他原来的一个客户家被偷了,家里的一些名贵首饰和现金,还有几个古董花瓶都被偷走了。以前,这位客户在他手上确实买过人寿保险,但却没有购买财产险,所以在知道这件事后,小李赶紧打电话过去表示关心。

电话接通后,他就直接问了一段话:"杨先生,您人没事吧?您有什么重大损失吗?都怪我不好,当时没有坚持请您购买财产险,以致今天我不能帮您减少损失,为您分担经济压力。面对您的遭遇和处境,我非常焦急,也非常心痛,我会尽我所能为您提供帮助。"

小李的几句话让客户很感动,在接下来的一段时间内,小

第1章 销售员把握客户心理，销售就是一场心理暗战

李经常去客户家里陪他聊天，安慰他，并为其量身定做了一份财产险。最后，在不到半年时间内，这位客户购买了这份财产保险。

这里的销售员小李就是一位知冷知热的推销人员，在客户遇到问题后，他能从客户的角度考虑问题，并体谅客户的心情。的确，客户花钱购买产品，其实买的就是一个高兴，再加上如果享受到来自销售员的理解，他们就会更加乐意购买。

现代商业社会，市场上的商品琳琅满目，人们的选择越来越多，在价格和产品性能几乎等同的情况下，人们更愿意享受更多的情感服务，所以，不少感性的客户，他们在购买商品时，更多考虑到的还是感性因素。"动人心者，莫先乎情"，与那些理性的销售言辞相比，热情、充满关爱的关怀有时更容易打动这些感性的客户。因此，作为销售员，与其煞费苦心地劝说客户购买产品，倒不如用温情打动客户。但要做到这一点，还需要销售员善于在推销工作中讨巧煽情。

对于销售员来说，具有良好的亲和力是能够与客户融洽交谈的必然要素。想要在客户心中建立起亲切感，我们不仅要做到语言亲切、自然，还要做到关心客户的生活。这样才能使客户感到愉快，从而对销售员产生信任。

具体来说，你需要做到以下几点。

每天读点零售心理学

1. 别一开口就谈生意

在接近客户之初,销售员不要急于谈生意,而要先与客户寻找共同感兴趣的话题,这样,先成为客户的朋友,还怕生意谈不成吗?

2. 表达情感上的理解

销售员在与客户沟通的时候,要以一个朋友的身份,多站在客户角度想想,考虑一下客户的利益以及倾听他们的想法。可能客户一次两次不能接受我们,只要我们是真诚的,我想第三次就能打动他了,真心付出总会有收获的。

3. 情感打动客户,更要行动来证明

用情感打动客户,还需要我们用具体行动来证明。例如,在客户最无助的时候及时出现、帮客户解决某些生活中的难题、为客户做些举手之劳的小事等,让客户真正感受到我们送去的温暖,他们自然愿意对我们打开心扉!

客户都希望买到物美价廉的产品

现代商业社会,随着科学技术的发展和商品的逐渐丰富,销售行业的竞争也逐渐加大,同类型的产品越来越多。人们在追求商品属性的同时,也开始关注产品的稀、奇、特、新,在琳琅满目的商品前,客户也就产生了比较和挑剔的心理。

第1章 销售员把握客户心理，销售就是一场心理暗战

在现实的购买活动中，人们口中经常出现"性价比"一词，这也是客户挑剔心理的表现。作为推销人员，我们除了要在产品质量、性能、功能等技术指标、质量参数方面必须满足客户的心理预期外，还要尽量在产品性价比上下功夫，让客户觉得这是一款物美价廉的产品，进而下定决心购买。

接下来，我们看看下面的销售场景：

一天，某商场保健品专柜来了一位客户。

导购员问清楚客户的来意——要购买一款蛋白粉后，就开始推销，但客户却认为太贵了。

接下来，导购员说："那您认为贵了多少钱呢？"

客户："至少是贵了500元吧。"

导购员："女士，那您认为这样一罐蛋白粉能食用多久呢？"

客户："这个嘛，成分比其他的好，最起码应该能吃半年吧。"

导购员："您之前买的呢，可以吃多久？"

客户："我是给家里长辈买的，3个月就要买一次，因为效果不太明显。"

导购员："这样吧，您看原来那个牌子的蛋白粉是200元一罐，可以吃两三个月，我们按照3个月计算，您半年需要花400元。但是女士，实不相瞒，我们的蛋白粉，按照正常食用状况的话，最起码可以吃一年，这是我很多客户的共同经验，因为

它成分比较纯,吸收效果也比较好。"

客户:"真的是这样的吗?"

导购员:"这是我的客户共同的见证。这个周末您有时间吗?我约了所有客户举行一个联谊会,希望您也能参加。"

客户:"行,那麻烦你给我包起来吧……"

案例中,面对客户提出的产品贵的疑虑,这位导购员的处理方法很值得我们学习——他并没有用降低产品价格的方法来留住客户,而是采取价格细分的方法让客户感觉好像占了便宜。

人们都希望购买物美价廉的产品,这是客户一致的购买心理,这一点,销售员都很清楚。所以,如何打好价格战成了我们需要攻克的一个重要难关,很多时候,我们的报价已经很低了,但是客户依然认为我们利润巨大,还是希望我们再降价,那么接下来,我们就不得不面临讨价还价了。

此时,如果我们也能和案例中的这位导购人员一样,巧妙地把价格问题转到价值问题上,尽量让客户看到产品背后的价值,明白"一分钱一分货的道理",那么,自然淡化客户对价格的敏感,最终选择购买。

除了在讨价还价中,我们需要让客户感受到产品的物美价廉外,在销售中,甚至任何一个过程,我们都要尽力向客户传输这一思想。因为价格问题贯穿于整个销售过程。具体来说,

第1章 销售员把握客户心理，销售就是一场心理暗战

我们可以这样为客户展示产品的性价比。

1. 突出产品的独特优势，让客户觉得物有所值

销售员在阐述产品性能时，应该向客户表明产品某一方面独特的优势，让客户明白产品贵也有一定的道理，也就是所谓的"一分价钱一分货"。这样，客户就会觉得物有所值，也就不会盯着产品的价格而不放了。

2. 进行优势比较

"货比三家不吃亏"，客户在决定购买前，都会将该产品与其他厂家的产品进行对比，他们会发出这样的抱怨："你们的产品怎么这么贵？人家的产品要便宜得多。"遇到这种情况时，销售员千万不可贬低其他家的产品，而应该侧面点拨，进行优势比较。

例如，在推销手机的过程中，你可以这样告诉客户："我们这款新上市的手机，确实比市面上的有些手机稍微贵点，但也有着其他手机不存在的很多优点。首先，我们的手机采用的是现在最先进的通信技术，支持人像模式；其次，我们的手机外壳采用的是不同于其他手机外壳的材质，不怕磨损，还能吸附在光滑表面，不用害怕摔碎；最后，手机电池性能也好，一般情况下，出差时间在一个星期左右，您可以不用带备用电池和充电器。"通过这一番比较，客户觉得多花300元是值得的，因而也就不再纠缠价格问题了。

此外，销售员还可以从产品的优势方面进行比较，如付款

 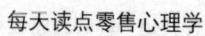

方式、售后维修、送货等方面。优势比较法是消除客户价格疑虑的重要方法。

3. 对客户投入进行单位分解

案例中的这位保健品导购员采取的就是这种方法，也就是对于看起来很贵的产品进行一定的分解，分解成小单位，而小单位的价格听起来自然就便宜多了。例如，每箱多少钱分解成每盒多少钱，每包多少钱改成每支多少钱，等等。这样就使商品价格听起来不那么高，客户就比较容易接受了，从而减少价格异议。

4. 对客户投入进行时间分解

当客户觉得产品贵时，时间分解法就是很好的说服方法，将产品价格从单位时间方面进行分析，如每个月、每天需要支出多少，这样，相对于较高的总价来说，客户会觉得便宜多了。例如，在推销护肤品的过程中，对于一瓶价值300元的眼霜来说，可以使用1年，如此算起来，每天还不到1元，这可真是太便宜了。

把握客户心理，挖掘并创造客户的需求

任何一场成功的销售，都避免不了以下几个过程：引起顾客注意、激发顾客兴趣、刺激顾客购买欲望、促使顾客采取购买行为。在这一过程中，前面三步是为了实现最终购买而做的铺

第1章 销售员把握客户心理，销售就是一场心理暗战

垫，最终购买才是最重要的一步，而这一步要做的就是激发客户的购买欲望，让客户感到需求紧迫。虽然客户经常说"我不需要"，即便如此，一个优秀的销售员依然能激发出客户的真正需求，让客户从内心认识到"我需要"，进而愿意购买。

有时候，即便客户自己，也不一定了解他内心的需要。那么，作为销售员，有必要通过不断提问来帮助对方发现这种需要。如果你能帮助客户发现自己内心的需要，那么，你的推销就变得易如反掌。

具体来说，我们该如何挖掘并创造客户的需求呢？

1. 提问法了解客户内心需求

推销大师库尔曼曾说过："你问得越多，客户答得越多；答得越多，暴露的情况就越多，这样，你就一步一步化被动为主动，成功地发现对方的需要，并满足它。"之所以要提问，就是要挖掘出客户内心最强烈的需求。

2. 挖掘客户心中的利益点和抗拒点

那么，什么是客户心中的利益点和抗拒点呢？

利益点就是客户购买产品的诱因，除了诱因外，客户还需要权衡，产生"不购买"的心理原因，这就是抗拒点。

了解客户的利益点和抗拒很重要，销售员要把自己的精力都放在让客户了解并且相信这种产品能够带来的利益点上面，并且能有效地消除他们购买产品主要的抗拒点，客户就会购买你的产品。

当然，客户购买产品最主要的抗拒点因人而异，也许是产品价格，也许是售后，也许是付款方式，还有可能是纯粹对销售员本人有意见等。

其实，客户的内心也是复杂的，他们会不断在利益点和抗拒点之间纠结，而销售员要做的就是放大利益点，缩小抗拒点，将大部分的注意力放在找出客户的需求、放在我们的产品能为客户做些什么上面。即使我们的产品具有的优点有10项，但真正能够吸引客户的可能只有其中的10%或20%，也就是其中的一项或是两项，所以我们必须花费80%以上的时间详细地解说这一项或是两项的优点，让客户能够完全地接受或相信，才能增加我们对客户的说服力。

3. 为客户描绘拥有产品后的幸福画面

一位地产销售员将一对夫妇带进自己要推销的老房子里。这栋房子相当有年头了。

这对夫妇一走进院子，就发现了种在里面的枣树，妻子看到后，很兴奋地告诉丈夫："这棵树真是很漂亮。"

随后，夫妇两走入客厅，客厅陈旧的家具和地板让他们很不开心。

精明的销售员看出了夫妇两态度的转变，所以他立即说："虽然地板有些陈旧，但这栋房子最大的特点是从客厅向窗外望去，可以看到那棵遒劲的枣树。"

第1章 销售员把握客户心理，销售就是一场心理暗战

老房子的弊端肯定不少，但无论这对夫妇说什么，销售员都一直强调："是啊，这栋房子是有一些缺点，但有一个优点是其他房子所没有的，那就是从任何一个房间的窗户向外望去，都可以看到那棵枣树。"

最终，这对夫妇被销售员说服了，他们当即决定买下这栋房子。

故事中，这对夫妇之所以会买那栋老房子，并不是房子本身的价值，而是因为院子里的那棵枣树能给他们带来幸福感。而销售员自然是抓住了他们这一心理，尽量为他们描述在拥有房子后能看到枣树的幸福画面。最终，客户购买了这栋老房子。

实际上，他们是购买了自己心中的幸福。每个客户在购买产品的时候，心中都有这样一个幸福的因素，如果能不断为客户描绘这样的幸福画面，那么，客户心中的美好图像也就树立起来了，成功推销也就水到渠成。

第 2 章

解除心理防线，初次沟通就能赢得客户的信任

很多销售员都有这样的体会，在销售过程中，尽管克服了心理障碍，鼓足勇气，努力去向客户推销，但客户好像不明就里地就拒绝了我们，并且还会对产品和服务产生一些敌意或者对抗的情绪。此时，如果我们能先搁置销售，了解客户的心理，并懂得如何拉近与客户的心理距离的话，就能化解客户的敌意。

首因效应：从第一印象就开始赢得客户的心

在心理学上，有个著名的"第一印象"，经过研究和调查，在无论何种类型的人际交往中，第一时间留下的印象都非常重要，而第一印象产生的时间你可能难以想象——仅仅只有45秒。这一最先的印象对他人的社会知觉产生较强的影响，且在对方的头脑中形成并占据着主导地位。

的确，在生活中，我们每个人不知不觉都会对"第一"有特殊的感情，并会对"第一"情有独钟。例如，你会记住第一天上大学、第一天上班、第一个恋人等，但是对"第二"的印象就不会那么深刻，这就是心理学上常说的"首因效应"。同样，"首因效应"也适用于销售中，给客户留下良好的第一印象，赢得客户的心，才能让客户接受我们和我们的产品。

小李毕业后的第一份工作，就是进入现在这家医药企业做市场销售员。

小李一直以个性青年标榜自己，在上学时就喜欢按照自己的想法做事，在着装上也是如此。工作后，同部门的同事平时都一身正装，而他还是和从前一样，T恤加牛仔裤，甚至一件T恤来回穿。

一次，他去同事家做客，好心的同事提醒他："你长得很不

第2章 解除心理防线，初次沟通就能赢得客户的信任

错，其实可以穿得更好点，客户看着舒服，业绩也会好很多。"

小李一听，不以为然地说："我才不在乎呢，我的朋友根本不在乎，而客户，看中的是产品和我的服务，不是我的外表。"

同事继续劝他："可是人靠衣装马靠鞍，你打扮得体面些，给客户的印象也会好些啊。"

"我可不这么想，客户如果需要产品，自然会买；如果不需要，我打扮得再好，他也不会买呀。他看上的又不是我！"小李很坚决地回答。

这件事就这样过去了，后来，他在工作中遇到的一件事，对他产生了不小的冲击。

这天，小李还是跟往常一样，到某小区推销，他敲开一扇门，开门的是一位中年妇女，小李很快道明自己的来意，对方就表明自己不需要，这是他意料之中的结果，也无所谓，但就当小李听到客户关门、准备离去时，屋内的一段对话彻底打击了他。

屋内有个年轻的女孩问："妈，刚才来我们家的邋遢鬼是谁啊？"

"搞推销的，估计是骗子。"

听到这段对话，小李感到脸上火辣辣的，自尊心受到了严重伤害。回到家后，他第一次有意识地照了镜子，第一次认真地看了镜子中那个邋遢的自己。他如梦初醒，想到同事劝说自己的话，原来外在形象这么重要，看来是要好好改变一下了。

023

可能现实生活中，有不少和小李一样的销售员，他们按照自己喜欢的方式着装。然而，销售这一行业，能否给客户留下好的第一印象尤为重要，因为客户对你的印象好坏，直接决定了你们之间是否有可能做成生意，只有被人认可的形象才能令人产生较多的好感和信任感。

根据首因效应，销售员需要做到以下几点。

1. 掌握着装礼仪、得体穿着

人们对于陌生人的判断首先来源于外在的着装，销售员在与客户初次见面的过程中，如果你的形象不能让客户觉得值得信赖，那么，即使你的产品很出色，对方也未必购买。

服饰展现的是一个人的品位、整体素养，穿着得体，修饰自然，就会令人舒适，赏心悦目。外表的端庄，是对别人尊重的态度，也是展示自己、增强自信的表现。没有谁愿意看你蓬头垢面、衣冠不整的样子，你也没有必要让别人因此而误会你的专业能力。

所以，销售员要想给客户留下一个好印象，第一步就要注重着装，不能给人邋里邋遢的感觉，力求保持得体的着装、良好的礼仪。清洁卫生是仪容美的关键，是着装的基本要求。反过来，不管你长相多好、服饰多华贵，如果满脸污垢、浑身异味，周围的人必定会对你退避三舍。

另外，你最好要懂得一些服饰的搭配技巧。例如，男性要着正装，并注意衣服色彩的搭配，像手表、手绢、钱包、公文

包、领带、别针以至所用的笔和打火机及眼镜都起着重要的装饰作用。

对于女性，最好化个淡妆，不可浓妆艳抹，香水的喷洒要适度。

当然具体怎么做，你还要事先对客户做足功课，初步认识到他的大致性格、爱好等，如此你才能投其所好，选择更为适合的着装和谈话方式。

2. 举手投足中展现你的热忱

相信没有哪个客户愿意面对一个冷冰冰的销售员，只有那些能展示自己热忱的销售员，客户才愿意跟他们谈生意。实际上，客户也会凭借销售员的态度对其进行总体打分。例如，他们会认为，热情的销售员应该是真诚、善良的。

同时，热忱的态度是一个优秀的销售员不可或缺的素质，可以这么说，如果没有热忱的态度，销售成功的概率也就十分渺茫了。热忱，是指一种精神状态，一种对工作、对事业、对客户的炽热感情。美国著名女企业家玫琳·凯说，对每个推销人员来说，热情是无往不利的，当你用心灵、灵魂信赖你所推销的东西时，其他人必定也能感受得到。

作为销售员自身，可能你也不想与那些言语死板、不苟言笑的人打交道；反过来，客户也是如此，也就是说，你没有热情，他们也会失去热情。因此，你要调节好自己的情绪。你要尽可能地增加你的面部表情的丰富性，如果你希望靠热情来影

每天读点零售心理学

响对方，你的面部表情就一定要丰富起来，要微笑。

总的来说，与客户初次打交道，第一印象尤为重要，因为好的第一印象就等于向客户传达这样一个信息：这个人值得信任，我很喜欢他，购买他的产品应该不会错。当客户有这样的想法时，你的销售工作也基本就成功了。

投石问路，先谈一些客户感兴趣的话题

销售工作中，无一例外，那些业绩好的，都有一个共同的杀手锏——善于沟通，并懂得从客户感兴趣的话题入手，迅速破冰，打消客户的芥蒂心。任何一场销售活动，销售员都不可能不与客户沟通，也只有激发客户谈话的欲望，才能慢慢地寻找购买点、切入主题，这是与客户交往的一个正常的过程。如果在与客户接触时一言不发，则是失礼的，而直奔主题，客户更不易接受。如果在拜访客户的过程中安排聊天的部分，可能会促使宾主两欢，进而减小双方的心理障碍。

小王是某公司的业务主管，销售经验相当丰富，公司对他的评价是："王哥出马，一个顶俩。"也就是说，在公司，只要是小王亲自处理的销售案例，基本上就没有不成功的。

一次，在新人培训的过程中，他带着一位刚来的业务代表

第2章 解除心理防线，初次沟通就能赢得客户的信任

去拜访一家大公司的采购主任宋先生。

小王让业务代表先自己出面去洽谈，而他只负责陪同。然而，交易似乎并不顺利，谈话也不愉快，经验丰富的小王很快就看出来问题在哪里——整个谈话过程太生硬，对方完全没有继续沟通的欲望。小王认为，还是需要一些"润滑剂"。这时，他灵机一动，突然想起在来的路上业务代表曾经对他说宋先生有一对双胞胎女儿，今年刚刚上小学，宋先生特别疼爱她们。于是，小王就趁机与他聊起了女儿。

"听说宋先生有两个非常可爱的女儿，是吗？"

"是的。"宋先生脸上顿时流露出来一丝微笑。

"听说还是双胞胎？今年几岁了？"

"7岁了，这不已经上学了。我下班还要去接她们呢。"

"听说她们的舞跳得特别棒。"

"是呀，前几天还代表学校参加全市的演出了呢。"

提起女儿，宋先生的话就多了，聊了一会儿女儿，宋先生主动把话题引到这次见面的业务上。

我们发现，案例中的业务主管小王是个很善于了解客户心理的人，在新手业务代表与客户洽谈不顺利的情况下，他顺势找出能让客户开口多说的话题——从客户的双胞胎女儿入手，进而打开客户的话匣子。如果在开始业务代表与宋先生交谈不顺利的情况下，业务代表或者小王依然坚持谈业务本身，那么，过不了几分钟宋先生肯定就会下"逐客令"的。但是，小王抓住时机，巧妙地引入宋先生感兴趣的话题与其聊天，这样便很容易地打破谈话的僵局。

那么，在现实生活中哪些话题可能会让客户感兴趣呢？

1. 天气

在日常生活中，无论是熟人还是陌生人见面，开口就聊的最多的话题就是天气了。

在销售中，天气更是与客户寒暄最好的话题，因为谈天气不涉及利益关系，客户不会产生抵触情绪。当然，除了把天气当话题之外，还可以当作关心对方的题材。

但是，如果你的客户是从事与天气相关的行业，谈论天气时一定要有所注意。例如，你与一位雨衣或者雨伞销售商寒暄时这样说："最近一点雨都没下，秋高气爽，天气简直太好了。"对方一定不会给你好脸色。

2. 新闻

实时动态也是人们关心的话题之一，新闻可以引起客户的好奇或共鸣。作为一名销售员，一定要多上网，多看新闻，因为互联网上有许多丰富的话题。

3. 兴趣

人们对于自己的兴趣通常都愿意滔滔不绝地谈论，因此，兴趣也是你与客户聊天的一个好话题，与客户聊起兴趣时，必须与客户同一步调，也就是说，千万不要否定客户的兴趣。例如，如果你的客户说他喜欢下棋，你就千万不能反驳说："哎呀，现在谁还下棋，只有那些没事干的老头子才喜欢呢。"而应该说："下棋确实不错，可以活跃思维、提升智力，还能修身养性、陶冶情操。"

能带动谈话气氛的话题还有很多，需要我们事先了解客户，并在交谈中细心观察，学会与客户谈话，在客户意犹未尽的情况下，往往会顺利进入推销阶段。

很多情况下，真正做成生意的销售员都不是刻意推销，而是打动人心，开口后先学会与客户聊聊他感兴趣的话题，赢得客户的好感，就为推销产品铺平了道路。

谈谈自己的经历，拉近彼此距离

作为销售员，在销售中被拒是常有的事，因为客户对陌生的销售员往往心存芥蒂，并且不少客户还吃过销售员的亏，所以，如果一味地推销，有时不但不能打动客户，反而会让客户更怀疑。而如果我们能体会客户的情感，谈谈自己的经历，那么，便能很快拉近与客户的心理距离。

一般来说，那些销售精英都曾在提升自己的亲和力上下过一番功夫，因此，他们比一般的销售员更易得到客户的信任，客户也愿意与他们交朋友。

中国人常说："先做朋友，后谈生意。"许多的销售行为都建立在友谊的基础上，我们平时也喜欢向那些我们熟悉的、喜欢的、信任的人购买东西，因为我们会感觉到放心，所以一个销售员是不是能够很快地同客户建立起很好的友情基础，将会对他的业绩产生绝对的影响。

事实上，推销精英共同的经验是：在销售中引入情感的因素，几乎能让任何销售问题迎刃而解。这样的引导方法，能让客户喜欢和接纳你，进而接纳你的产品。

一般来说，我们的决定经常会被那些我们信任、喜欢的人影响，而这也是销售员需要努力做到的。亲和力的建立是人与人之间影响力及说服能力发挥的最根本条件，亲和力之于人际关系的建立和影响力的发挥，就如同盖大楼之前须先打好地基的重要性是一样的。所以，学习如何以有效的方式建立良好的亲和力，是一个优秀的销售员所不可或缺的能力。

那么，作为销售员，我们在推销的过程中，可以谈及自己哪方面的经历呢？

1. 向客户分享自己曾经购买产品被骗的经历

通常来说，我们作为顾客购买产品时，也难免被"居心不良"的推销人员欺骗过，而这些经历，相信你的客户也可能遇到过。那么，你不妨拿出来与其分享，这样就能产生共鸣，同时，也会赢得客户的信任。

2.聊聊自己在销售过程中做过的好事

你可以告诉客户，你在工作中帮助其他客户解决过的问题，那么，客户就会认为你这个人乐于助人，并且信任你，愿意接纳你和你的产品。

需要强调的是，这里，你说的话必须是真实的，否则，一旦被客户发现你欺骗他，你的形象就会顷刻间坍塌。

当然，销售员可以与客户分享的经历并不只以上两种，凡是能起到打动客户的目的的经历，都可以拿来为我们所用！

表露真诚，站在客户的角度推销

在销售的过程中，洞悉客户的购买心理，并站在客户的角度推销产品，这是成功推销的前提。其实，销售就是一场心理较量，自始至终，销售员都在与客户进行心理博弈，但无论如何，客户都希望为自己服务的销售员是个有责任心的人。如果我们能把握这一心理，推销时便能把话说到客户心坎里，就能让客户燃起购买的欲望。

那么，我们该怎样向客户表露真诚，站在客户的角度推销呢？对此，我们可以掌握以下几点心理策略。

1.认同客户的感受，站在客户的角度说话

人与人之间的情感要达到一种共鸣，首先就是不谈自己，

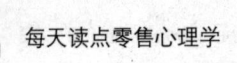

而要倾听，倾听之后表达认同，这才是拉近人与人之间距离的方法。

同样，面对客户异议，也应该运用这样的方法。销售员要站在客户的角度说话，认同客户的感受，就会从双方共同的利益出发客观地审视双方面临的问题，和客户协商，达成交易。认同客户的异议，这是成功解决异议的开始。

2. 多提产品优点，让客户看到利益和实惠

很多时候，客户都会觉得产品贵，这是他们拒绝购买的重要原因之一。此时，就可以通过多提产品带给客户的利益和实惠的方法来化解。

例如，在推销生产用品时，销售员应重点说明自己的产品在技术含量、使用寿命、后期维护等方面的优势，这样就能打消客户的价格异议。

3. 分析产品的优势所在

例如，面对客户提出广告版面费用太高的问题，我们可以这样回应：

"张经理，您是知道的，我们这个版面费是标准版费，同行业的版费标准，相信您也很清楚。而且，我们报纸的发行量远大于其他任何一家小报，它们合起来的发行量还不如我们一家报社，费用却高多了，您说是吧？"

4. 真正为客户考虑，关心客户的利益

我们想让客户乘兴而来、满意而归，就要真正关心客户的

利益，而不是为了推销而推销，要充分挖掘客户的购买需求甚至是隐藏的需求，并努力降低顾客需求中的成本耗费，从而使产品符合并超越顾客期望。

为此，我们就必须从顾客的角度来推销，最好从细节入手，让客户感受我们细心的服务，进而提升对产品和对销售员自身的忠诚度。例如，我们可以这样告诉客户："其实，我觉得这贵的××反倒不适合您，您没必要花那么多钱买它。"当客户体谅到你的用心后，也会更加信任你，并把周围的朋友介绍给你。

客户都希望购买放心的产品，都希望购买产品的售后有保障，更欣赏那些有责任心的销售员，只要我们站在客户的角度、为客户的利益考虑，客户是会信任我们的。

诚信沟通，效果更为直接

现代社会，任何一位从商者都知道诚信经营在做生意中的重要性。那么，何为诚信？《说文解字》中的解释是："诚，信也""信，诚也"。可见，诚信的本义就是要诚实、诚恳、守信、有信，反对隐瞒欺诈、伪劣假冒、弄虚作假。

俗话说"以诚待人，人自怀服"。在销售行业，销售员同样要诚信待人、诚信推销，这样才会赢得客户的信任，巧舌如簧、弄虚作假、玩弄技巧，客户就会敬而远之。

不得不说，在现实的销售工作中，确实有一些违反诚信推销这一原则的销售活动。一些销售员为了将产品推销出去、为了提升业绩，而采取欺骗客户的方式，甚至有些销售员对客户开出空头支票，答应的都没有兑现，从而引发信任危机，最后影响销售，客户不予以配合，市场工作难度进一步加大。

这里，我们可以看出真诚推销的重要性。作为销售员，在维护企业利益的同时，一定不要忽视客户的利益，要站在客户的角度考虑问题，真诚为客户着想，更不能欺骗客户。在产品问题上也要实事求是，答应客户的一定要做到，并让客户和消费者去感受到你的诚心，一次、两次后客户就会理解你、尊重你，最终转变为信任你和愿意购买你的产品。

在销售行业，只有做到讲诚信，让客户信任你，客户才会放心地购买你的产品，因为只有讲信用的销售员，才会有责任心，将客户的利益放在心上，也才会做到前后一致、言行一致、表里如一。相反，如果销售员不讲信用、前后矛盾、言行不一，客户则无法判断他的行为动向，更不愿意和这种销售员交往，这样的销售员自然也没有什么魅力可言。

诚信是成功进行推销的最重要的前提，因为没有哪个客户甘心被骗，更谈不上明知被骗还去购买产品了。所以，销售员在与客户沟通时，一定不要丢弃"诚信"这一点，并且，要强调"信用"，特别是在熟悉的客户面前，这种信用更是成功销售的催化剂。

松下幸之助说过，信用既是无形的力量，也是无形的财富。在销售工作中，更是能体现这句话的道理，信用有了保障那诚信就毋庸置疑。

那么，销售员在工作中，如何才能做到诚实守信呢？

1. 用信誉和人品征服客户

在销售行业，任何一个销售业绩出色的销售员绝不是只凭口才获得成绩的，而是积累信誉和人品。

现代社会，任何一个企业招聘人才的第一标准都是品德，其次才是能力。销售员在推销产品时，一定要从客户需求和利益角度出发，真诚地为客户服务，决不能欺骗客户，更不能有半点虚假或者夸大其词。

2. 在与客户沟通的过程中表达真诚

真正的口才，并不是口若悬河、滔滔不绝，尤其是在与客户初次接触的时候，客户一般都对销售员心存芥蒂，你越是想表现自己，越让客户觉得可疑。其实，你不妨诚恳、清晰地表达你的观点，话语不可过多，注意说话方式，诚实、中肯地说话就能让客户感觉你是一个可信之人。

3. 不可隐瞒产品的不足

完美的产品是不存在的，作为销售员，我们都知道这个道理，要么是价格，要么是产品包装，总有一些不足。这些不足中有些是客户在意的，有些是可能影响客户使用的，有些无伤大雅，但却都不能忽略。

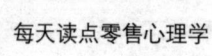

销售员在推销产品的时候，一定要将产品的不足诚实地跟客户说清楚，不然等到客户找上门追问的时候，就不好应对了。

总之，在销售工作中，销售员只有尽自己的力量来做好工作，诚实守信、实事求是地对待客户，与客户沟通起来才能加顺畅，也才能更加赢得客户的信赖。

用真诚赞美打动客户的心

有人问，世界上最动听的语言是什么？是赞美！谁都长着一双爱听赞美之言的耳朵，赞美是获得人心的法宝。同样，销售员在与客户打交道的过程中，也可以多使用赞美的语言，让客户在喜笑颜开的过程中，顺利购买产品。

然而，并不是所有赞美都是有效的，赞美必须真诚。推销大师乔·吉拉德曾说："最重要的事情，就是要对自己真诚，并且就如同黑夜跟随白天那样的肯定，你不能再对其他人虚伪。"

乔也是个深谙赞美艺术的人，如果客户和他的孩子一起来看车，乔会对客户说："你这个小孩真可爱。"当然，这个孩子或许不怎么可爱，但你要想成功推销，此时真的不能说真话。

同时，乔很善于把握诚实与奉承的关系，作为乔的顾客，可能他们也知道乔偶尔说的并不是真话，但是面对那些溢美之词时，谁想拒绝呢？并且，在销售活动中，面对尴尬的谈话氛围，几句赞美的话说完，气氛马上变得轻松多了，推销也就容易多了。

有时，乔还会撒一些无关紧要的小谎。在乔推销的过程中，乔就看到过同行因为太过"坦诚"而得罪了客户，当时客户问他的那辆旧车能折旧多少钱，销售员说："这种破车。"

面对这种情况，乔就不会这样做，他会告诉顾客，一辆车能开上12万公里，他的驾驶技术的确高人一等。这些话使顾客开心，于是便赢得顾客的好感。

赞美客户是件好事，但并不是一件简单的事。尤其是那种毫无根据、泛泛而谈的赞美，更有奉承之嫌。那么，作为销售员，我们该如何赞美客户呢？

1. 赞美要有据可依

销售员在赞美客户时，一定要有根据，这里的根据，指的是赞美的点要是真实的、具体的。那么，哪些是赞美中的"根"和"据"呢？其实很简单，我们可以尽量让赞美细节化，避免泛泛之谈。例如，我们在与客户交谈的时候，可以赞美客户的经历、办公室的布置等。

2. 间接赞美比直接赞美更有效

有些情况并不适合我们直接赞美客户，此时，我们可以另寻突破口,选择间接赞美的方式,这一方式通常更能彰显出赞美的效果。间接赞美的方法有以下多种。

(1)赞美客户最关心的人或事。你如果发现客户的车看上去很贵,那千万不要直接夸:"这车,真不错!"因为你这样说,还有另外一层含义,车子怎样很多时候是与车辆价格成正比的,也就是说,这是汽车厂商的功劳,客户只是花钱购买而已。而假如你这样赞美:"这车保养得真好!"或"你挑车的眼光真好!"这就真的是赞美客户了。

如果你的客户是位女士,那么,也许她更希望你赞美她的孩子或丈夫,或者她的厨艺、保养方法等。

(2)借用第三者的口吻来赞美。直接恭维,难免有奉承之嫌,借用第三方的口吻,则会显得更真实。例如,"怪不得小张说您现在的球技越来越高,还以为他吹呢,今天真是让我信服了。"这样对客户说就比说"您球技真是越来越好了"好得多。

(3)从否定到肯定的赞美。这种用法一般是这样的:"我很少佩服别人,您是个例外。"这样赞美,更显真实。

3.善于发掘客户的亮点,赞美要有新意

你所接触的客户,并不是都是成功人士或者优秀者,但这并不意味他们身上没有你值得赞美的地方。事实上,我们的大部分客户都是普通人,为此,我们在与客户沟通的时候,要多细心观察,留意客户身上某些具体的事件,任何的细微小节都不放过，只有你的赞美深入具体，客户才会觉得你对他足够重视，也才能感觉到他所获得的肯定是真实可信的。

总之，赞美要落到实处，就要找到具体的赞美点，这个赞美点必须是客户身上真实存在的，在赞美时指出细节，说明它的特点，给出自己的评价，这样的赞美会让客户有真实感，也才会让客户认同你的说法，从而改变态度，就你的推销进行商谈。

凸显专业素质，让客户深信于你

在销售行业，流传着这样一句话："做销售，与其说推销的是产品，不如说推销的是销售员自身。"此话不假，表面上看，客户购买的是我们的产品，但一切购买活动的前提是对销售员的认可与信任。因此，在销售过程中的任何一个环节，我们都要以取得客户信任为第一要务，这是建立在客户对我们信任的基础上。同样，我们在与潜在客户接触、进行客户开发的时候，也只有获得他们的信任，才能真正将销售进程推进一步。要做到这一点，凸显自己的专业素质必不可少，因为没有一个客户愿意与一个对产品不熟悉、说话模棱两可的人合作。

而现实销售中，一些销售员为了尽快推销出去产品，常常不顾客户感受，一味地陈述产品的优点，企图让客户接纳产品，但最终结果却经常让他们失望。

通用电气公司的一位副总经理曾说："在代理商会议上，大家投票选出销售员交易失败的原因，结果有314人——也就是一多半的人认为，最大的原因在于销售员喋喋不休，这是一个值得注意的结果。"

事实上，客户的时间是宝贵的，他们都希望销售员能够是熟识产品的专业人士，所以，谈吐不专业、喋喋不休的语言习惯常常成为销售员被客户讨厌和拒绝的重要原因之一。

所以，销售员在了解和掌握足够的产品信息的同时，也十分有必要修炼自己的销售语言能力，要培养自己的语言组织和表达能力，尽可能地用最清晰、简明的语言使客户获得其想要知道的相关信息。

对此，我们需要做到以下几点。

1. 做足准备工作，事先对客户进行全方位了解和分析

销售员在拜访客户前，一定要先做足准备工作，如客户的个性、性格、爱好等，从而分析出客户的思想、需求等，这样做有助于在沟通中有的放矢。

2. 语言精练，体现专业素质

这要求销售员做到三点。①语言精练、不拖泥带水。你所传达的信息要有一定的针对性，不可絮絮叨叨。②信息不重复，即说话不可啰唆、重复，表达要言简意赅、精练，措辞有

表现力,也不要总是把口头禅挂在嘴上。③语义明确,不可模棱两可,也不要使用那些令人费解的词语。更不要说一些容易产生歧义的语句,更不可吞吞吐吐,说一些似是而非的话,要一是一、二是二,把要表达的意思说清楚。

3. 关键时刻强势一点

销售中,一味地认同客户,难免有奉承之嫌,毕竟客户对产品的了解程度不如销售员,认同只会让我们看起来不专业、不可信任。为此,某些情况下,不妨表现得强势点,当然,即便如此,也要保持良好的态度,最好先肯定对方的意见。例如,如果客户对我们的产品存在一些误解,我们可以这样说:

"实话说,我在手机产品的营销工作中,已经工作好多年了,但像您这样关心我公司产品的客户真的很少,而对我们的产品如此了解的客户,更是少之又少,今天您向我提出的关于产品的建议,我一定向研发部门反映,这些建议太宝贵了,所以我衷心地谢谢您。正如您所说,我们的产品现在还存在一定的问题,不过现在它的市场销量很好,说明还是有不少益处的。您看,这是我们去年的销售情况一览表……承蒙您这样的客户关照,我们会更加注意改进产品的设计,您买了我们的产品,如果在使用的过程中有什么问题,欢迎您继续给我们提出来。"这样说,客户一定能接受。

借助肢体语言来表现诚意，赢得客户信任

可能很多销售员都明白这样一个道理，销售过程中，客户都希望销售员能真诚地推销产品，但似乎销售员再诚恳地介绍产品、表达观点，客户依旧将信将疑，或者心存疑虑，迟迟不肯购买，这一点让销售员很苦恼。其实，这样的情况下，销售员不妨借助肢体语言来表现诚意，这样更能让客户产生信任感。

与客户交谈，不仅仅是语言的交流，更要用肢体语言展示你的自信、诚意等，这样会给客户一种信任感、安全感。

1. 始终面带微笑

人们常说"伸手不打笑脸人"，谁都希望跟面带笑容的人交往，作为一个销售员，我们能否把产品推销出去，其实就在于我们给客户留下了什么印象。

在客户的第一印象中，你的衣着打扮固然很重要，但最重要的是你的精神状态。所以，当你踏入客户的办公室时，如果你让客户首先看到的是一张阳光灿烂的笑脸，那么，你留给客户的第一印象就非常好，因为谁也不会拒绝亲切而又自然的笑容。

2. 自信大方地与客户握手

握手是世界各国表达友好的最佳礼仪，有实验研究表明，握手能产生奇妙的效果，握手是身体的接触，能增进人与人之间的亲密感，即便是初次见面的人，经过握手后，都能产生同样的效果。因此，生活中，那些喜欢主动与人握手的人，大多

数都非常热情。

英国著名动物学家和人类行为学家德斯蒙德·莫里斯说："握手是表现热情的一个动作。"用一只手与他人握手，已经能表达热情了，如果再加上另外一只手的话，甚至握住对方的手腕，然后再拍拍他的肩膀，则表现出十分的热情，同时还能表示自己的诚意。

握手是社交活动和商务礼仪中不可或缺的一部分内容，销售员也必须掌握这一礼仪，作为销售员，你对你现在所从事的工作是否足够有热情，会在你的行为、动作、语言上尽显出来。例如，当你与客户见面握手时说："很高兴见到你。"但如果你说话有气无力、握手畏畏缩缩，那么，只会让人觉得你是个死气沉沉的人，从而对你失去好感。

3. 交谈时通过眼神传达诚恳

与客户说话时，目光要集中注视对方；听客户说话时，要看着对方的眼睛。这是一种既讲礼貌又不易疲劳的方法，更是对客户的一种尊重。

为了让客户对我们的谈话感兴趣，可以运用柔和的目光正视对方的眼区，并且，如果客户正侃侃而谈时，不要在眼神中传达不耐烦，更不可东张西望，不然就是失礼。

我们在销售过程中，在言语中要表达真诚与热情，表现我们周到的服务，但同时，也需要利用肢体语言，只有这样，才能达到最佳的交流效果！

第3章

客户拜访心理学：把握细节才能敲开客户的心门

从事销售行业，我们都知道，我们无法避免地需要拜访客户，只有努力让客户接受我们本人，才有可能接受我们的产品，最终成交。事实上，那些销售精英都懂得从客户的心理角度出发拜访客户。的确，拜访时，我们除了具备智慧和足够的实践经验外，还必须掌握一套心理应对策略，掌握这些说话策略，成功拜访的可能性将大大增加。

多与客户接触，让客户了解你

我们都知道，在销售中，我们经常需要登门拜访客户，然而，我们却总是遇到这样的苦恼：当客户为我们开门、我们表达来意后，客户还没听我们说完就直接拒绝了；甚至有一些销售员还未开口，就被客户否决了。其实这是因为客户对陌生的销售员怀有戒备之心，这样的情况，其实只要销售员能勤快一点，与客户多加接触，成为客户眼中的"熟人"，是能重新找到机会推销产品的。

因此，在销售中，每个销售员都必须勤快一点，在从事推销的过程中，如果你能把客户当朋友对待，经常与客户接触，让对方体会到你的关心、爱护和体贴，使其产生亲切感，那你的销售业务一定进行得比较顺利。

销售员要从以下几个方面着手多与客户接触。

1. 初次见面留下完美印象

这一点，前面章节我们已经分析过，要想留下好的第一印象，销售员首先就要注意自己的整体形象，力求保持得体的着装、良好的礼仪。再者，销售员还要对客户做大致了解，这样才能投其所好，选择适当的谈话方式，也更容易让客户对你产生好感。

除此之外，销售员还必须要从以下几个方面努力。

（1）自信。没有哪个客户愿意跟不自信的销售员做生意。

（2）真诚、坦率，敢说真话。销售员在与客户交往的时候，无论是交朋友还是推销产品，都要以诚相待，毕竟，没有产品是十全十美的，也没有人是十全十美的。

（3）热情而谦虚。相对于那些冷冰冰的销售员，毋庸置疑，客户更愿意与那些真诚且热情的人打交道。

（4）做到"四勤"。在销售中应做到"四勤"，即"手勤"——勤写信，"脚勤"——勤走动，"口勤"——勤打电话，"脑勤"——勤思考，多给客户提供好意见。

2.增加见面次数，加深感情

人与人之间的关系，是一个从陌生到相熟的过程，只要真诚相待和用心去交往，就能逐渐加深感情。对于销售员来说，如果你发现一个客户资源非常好，但是你们之间只是认识，并不熟悉，那么，你就要好好经营这一关系了。

除了关心客户，为他提供有用的建议之外，你还应该在一个合适的环境下，找个恰当的理由，给客户送去一些小礼物。例如，在特别的日子如春节、客户的生日或者其他纪念日，寄发卡片或者送精美的纪念品，都会给客户带来惊喜。如果你知道客户喜欢某种活动，你也可以制造与他一切参加的机会。

的确，人与人之间的关系是随着交往次数的增多而逐渐加深的，推销也是如此。掌握客户的这一心理，销售员就要勤快

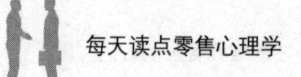

一点，就要经常与客户沟通，真正关心客户，为客户着想。这样，你的生意就会越做越大，客户也会越来越多。

拜访中尽快消除与客户的心理隔阂

心理学家指出，人与人之间，在交往之初，都有一定的戒备之心，也就是隔阂。同样，销售过程中，出于这一心理原因，销售员登门拜访往往会吃"闭门羹"，所以，尽快消除与客户的心理隔阂也是销售员拜访客户要做的首要工作。

小马是一名小家电销售员，最近几个月，他正在为公司推销一款新型吸尘器。

这天，他来到某小区，准备向某个准客户推销产品。他敲开客户的门，开门的是一位中年女士。

小马："女士，您好，打扰了，情况是这样的，我是××电器公司的马××，周一的时候我和您的先生预约过了……"

客户："我们现在不需要。"

小马："没关系，知道您现在很忙，您先生有您这样贤惠的妻子，真是幸福！"

客户："噢，过奖了，不过现在他不在家呢。"

小马："我听说了，我知道您的先生是一位事业做得非常成功，而且在业界很有影响力的企业家，有句话说'每一个成功的男人背后都有一个伟大的女人'。看来一点没说错啊。"

客户："呵呵，哪里。前几日他说过购买吸尘器的事，他说想减轻点我的家务负担，我们对你们家的产品还是挺感兴趣的，不过我们家的事他做主，一会儿他就回来了，你先进屋等会儿吧。"

小马："好，谢谢……"

案例中，我们可以看出，销售员小马在拜访客户时，尽管已经事先得到客户的预约，但他的妻子还是习惯性地拒绝了，因为拜访时开门见山的这种方式，未免显得唐突。不过，销售员小马是个懂得变通的人，当他察觉到客户的情绪后，立即转变策略，先暂且搁置产品推销的事，而是对客户说了一些"动情"的话，从而获得客户的认可，挽救了销售局面。

在拜访客户时，我们经常会遇到这样的情况，无论销售员说什么，他们总是本能地拒绝，即便销售员已经很热情了，但他们要么保持沉默，要么直接说"不"，让销售员找不到交谈的突破口，更别说销售机会。

因此，如何打开这些不言不语的客户的口，就成了很多销售员必须研究的问题。那么，要想消除和客户之间的心理隔阂，作为销售员应该如何做呢？

1. 自始至终保持热情如初

销售行业，没有哪个冷冰冰的销售员能让客户主动购买，尤其是在与这种冷漠的客户交谈时，销售员更要始终保持热情的态度，并保持微笑。当你自始至终地与其热情、真诚地交谈，你就一定能在客户的心里留下好的印象，不论谈话是否取得实质性的改变，对你以后的销售工作都会有所帮助。

2. 要营造轻松愉悦的交谈氛围

拜访的最终目的是让客户心甘情愿地购买，但在跟客户交谈中，还要善于营造融洽的会谈气氛。沟通才能创造价值，只有让客户愿意与你沟通，你才有可能达成销售目的。

对此，销售员要想办法拉近与客户之间的距离。这里，最关键的就是客户的情绪问题，客户的情绪问题是决定销售进程和销售结果的最重要的决定因素。为此，我们多引导和想办法成为客户的朋友，就是对客户情绪的正确引导，同时与客户的关系也得到了强化。

3. 留心观察，掌控客户的心理动态

那些沉默的客户，我们是无法通过言语了解他们的内心世界的，因此，我们不仅嘴上要会说，还要会看、会听、会想，要有足够的耐心、信心、决心拿下这样的客户，要善于通过客户的言谈举止乃至一个眼神来捕捉他们的心理动态并加以分析。掌握客户的购买心理，也就掌握了成功销售的砝码。

4. 努力引导客户开口

再优秀的销售员也不可能仅凭客户的一个小动作、一个眼神就能拿下订单，所以最有效的方式依然是言语，而这就需要我们对客户进行引导。聪明的销售员在与客户沟通的时候，凭举止、眼神、表情等就能获取客户的购买意向，并帮客户打开"话匣子"，让客户主动开口说话。当然，鼓励客户开口还是需要我们具备良好的沟通能力，热情、真诚地与客户沟通，并极力营造一个轻松的谈话氛围，让客户觉得是在和自己的老朋友交谈。

在拜访中，当你的客户总一言不发、表情冷漠时，我们需要双管齐下，不仅需要观察客户，通过非语言形式了解客户的内心，更要特别注重与客户的沟通，想办法借助提问或者拉近心理关系的方式，将客户引导到沟通活动中去，做到充分了解客户。一旦客户被激发起谈话的热情，愿意参与到谈话中来，那么我们要展开销售工作就比较容易了。

寒暄式开场，营造轻松良好的交谈氛围

在我们的日常生活中，人们见面寒暄是再正常不过的事，销售中也需要寒暄，我们在与客户初次见面时，问候对方是一种礼节，能表现我们的良好素质和善意，只有先得到

客户的认可，才有可能进行下面的交易。我们可以将寒暄当成销售前的"热身"，具有抛砖引玉的作用，得体的寒暄是打开沟通局面的最佳方式之一，可以赢得客户的好感，让沟通顺利进行下去。

小陈是一名老年保健品销售员。

周末这天早上，他来到某小区，准备去拜访他的一位准客户。敲门后，开门的是他的准客户陆先生。

进门以后，小陈扫视了一下客厅，发现客户的房屋是最明显的中式装修，有种古色古香的感觉，最为明显的就是客厅上挂着的字画，小陈知道，这将会是个很好的沟通话题。

"这个字，真不知道怎么形容，"小陈表现出很惊叹的样子，说，"陆总，这是您从哪里弄来的墨宝呢？是哪位书法家的真迹啊？"

陆先生一听，喜不自胜，但还是很委婉地说："你真是见笑了，这是我父亲写的，他比较爱好这些，平时没事就舞文弄墨……"

"看来我今天还真是来对了，令尊现在在家吗？"

"这几天他和一些老朋友去外省旅游了，估计过几天才会回来。"

"哦，是这样啊，看来我还是运气不够啊，本来我还想他老人家能不能给我写几个字呢！"

"哦，这个没事，你想要，我可以做主送你几幅。"

"太谢谢您了……"

就这样，小陈就字画和陆先生热火朝天地谈了起来，聊得正起劲时，小陈突然装作乍醒的样子说："陆先生，您看，光顾着和您聊天，忘记自己今天来是有事……不过，您不购买也没关系，我今天可是收获颇丰啊。"

"你说的是那个老年肩周炎治疗仪吧，其实我爸常年写字，我早就想买了，我也没时间陪他锻炼身体，要不，你回头送一台过来给我看看吧。"

"好的，谢谢陆先生啊。"

案例中的客户陆先生在购买小陈推销的老年肩周炎治疗仪时为什么这么爽快？其实，最终购买是水到渠成的事，一切都是因为小陈懂得在销售前不断铺垫、得体地与之寒暄了一番。在小陈进门之后，他就对客户家的一些特点进行了观察，于是，他很快找到与客户寒暄的话题。我们再细想一下，难道他真的不知道这些字画出自客户父亲？当然知道！他这样问，只不过是让客户更乐意接受自己的赞美，接下来，他与客户之间的交谈也就自然多了，获得客户的好感也就是自然的事了，而在这种情况下，小陈依然不提及自己来的目的，反而说"今天拜访收获颇丰"，这就更加深了客户对自己的良好印象。这时，客户再从自己的角度考虑，就很爽快地表明自已有购买需求。

事实上，在对客户的拜访中，我们寒暄的题材可以是多方面的，如天气冷暖、身体状况、风土人情、新闻大事等，我们应尽量地用语言把话题引到客户感兴趣的话题上去。但是寒暄时具体话题的选择要讲究，要注意话题的轻松性，话题的切入要自然。

一个好的开始，就是成功的一半。英国著名作家托马斯·卡莱尔曾说："礼貌比法律更强有力。"见面寒暄是礼貌的表现，在销售中，我们更要表现这种礼貌。一段精彩的开场白，通常也都是以寒暄作为铺垫的。

作为销售员，我们在与陌生客户正式交谈之前，能否做好开场工作，几乎可以决定我们是否能成功拜访客户。因为初次见面的时候，客户一般都有戒心，对销售员有一种自然的防备心理。为了打破相互之间的隔膜，我们不妨与客户寒暄一番，迅速拉近与客户的距离，尽可能与对方实现沟通和交流。

当然，与客户寒暄，我们千万不要害羞，觉得不好意思，要敢于自信、大胆地与客户交流，敢于向客户抛出话题。这一点，对于那些刚踏入销售行业的新人来说，尤为重要，如果不敢主动迈出第一步，就无法实现突破，与客户接触，完全不知道该说些什么，总是顾虑这个顾虑那个，那么，就很容易冷场。

除了主动外，我们寒暄时还要表达自己的真诚与热情。试想，当别人用冷冰冰的态度对你说"我很高兴见到你"时，你

会有一种什么样的感觉?当别人用不屑一顾的态度夸奖你"我发现你很精明能干"时,你又会做何感想?推己及人,我们寒暄时不能不注意态度。

拟订一份详细的拜访计划会让你更有底气

古人有云:凡事预则立,不预则废。顾名思义,就是说做事前一定要有所准备。其实,运用到销售中也是这个道理,要想成功推销产品,心理素质好是前提,但还要做足准备工作,演绎过来就是不打无准备之仗。如果冒失拜访,不但无法应付拜访中的各种状况,还会让销售员因缺乏底气而导致销售活动失败。

小刘是一名保险业务员,在前辈引荐下,他这天来拜访一位准客户,开门的是位先生,看到小刘,客户倒也礼貌:"请进。"

进门之后,小刘觉得有必要先活跃下谈话气氛,于是,他这样开场:"林先生,您家的装修设计真的很新颖,是您亲手设计的吗?"

本是句赞扬的话,但客户听完以后却脸色大变,对小刘说:"不好意思,我姓李,不姓林,一个销售员,连客户的姓

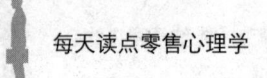

名都记不清楚，还谈什么销售。"这句话说得小刘不明就理，怎么可能？我记错了？于是，他赶紧拿出公文包中的资料，认真看了下，果然是自己搞错了，怪不得客户会生气。面对这样的情况，小刘也只好说"抱歉"，离开了客户家。

案例中，保险销售员小刘在拜访潜在客户之前，因为对客户的资料了解不透彻，从而叫错了客户的姓名，可以说，这是一个低级错误，这对于客户来说，无疑是一种不尊重，小刘被客户拒绝也就理所当然。

那么，作为一名销售员，在拜访前的准备工作有哪些呢？

1. 提前吃透客户的资料和产品资料

案例中的小刘犯的错误就是对客户资料没有了解透彻，除此之外，一些销售员对产品资料也不甚了解，当客户问及产品性能或价格时，如丈二和尚摸不着头脑。很难想象这样的营销人员能够成功获得客户的好感，更别说把产品卖出去了。

另外，对于一些疑心重的客户，销售员的专业语言水平就更重要了，因为这些客户常常为了证明自己选择的正确性、减少购买的风险，而提出各种问题考验销售员。此时，专业简洁的语言就可以派上用场了，它能够帮助你在面对客户提出的各种问题时为客户提供满意答案，而良好的销售技巧则有助于你在销售过程中更加适时适度地说服客户。

因此，为了避免在销售中出现一些无法处理的意外状况，销售员在拜访客户之前，一定要做足资料准备工作，这其中包括公司的发展历史、产业结构、产品价格、营销政策等，还要带齐所需的资料、名片、样品等，并要熟记在心，透彻了解销售的步骤。这样做，最重要的是，能帮助我们更好地面对推销过程中遇到的各种问题。

总结一下，你需要做的准备工作有以下几点。

（1）出门前检查资料是否准备充分。

（2）最好提前电话预约，确保准时到达。

（3）组织语言，确定拜访时和客户大致要交谈的内容。例如某销售员拟订的初次拜访客户时所交谈的主要内容：

公司概况及在同行业中的地位、生产规模及能力、质量保证和稳定体系。这主要让客户吃两颗定心丸：一是和我们公司可以长期合作，不用担心好不容易把产品做起来，结果公司垮台了；二是我们有足够的货源保证。

市场拟推广方案。

主要目标市场及市场前景分析。

零风险的售后服务保障系统。

盈利系统。

公司对经销商的基本条件特别，要强调先付款再发货问题。

确定谈判底线，如货款问题、促销支持问题、退货问题等的底线。

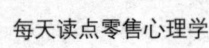

2. 上门前先热身

在进行上门推销之前，先要积极鼓励自己："我能行！"这样有助于你鼓足勇气，向客户推销。

3. 始终保持积极向上的心态

有些销售员尤其是销售新手，会认为销售是一项高难度工作，甚至会产生恐惧：如果客户拒绝怎么办？客户怎么可能接受我的推销呢？卖不出产品就没有业绩，这可怎么办呢？越是对这些问题感到忧虑，在销售过程中就越是容易出现问题。同时，销售员这种消极情绪也会影响到客户的情绪，客户会认为你消极心态的产生是由产品带来的。

总之，毫无准备的销售不但会让我们手忙脚乱，甚至会出现语无伦次的尴尬局面，这样，不仅不能让我们把握要点地介绍产品，还会因为耽误客户的时间而引起客户的反感。可见，在拜访客户前先做好准备工作是销售的前提条件。

拜访中就要引起客户强烈的好奇心

我们都知道，销售固然是卖产品，但它也是一种艺术，一种需要运用心理策略才能成功的文化。成功推销，不但要有出色的产品，更要有出色的营销方法。在拜访客户的过程中，聪明的销售员就善于抓住客户的好奇心，这是优秀的销售员应该具备的能力和技巧。当然,要达到这一目的,除了要具备广阔的知识外,还要揣摩客户的好奇心理,进行仔细的编排,这其实是一门巧妙的艺术,需要花费力气、下一番苦功才能掌握。

玲玲是一名出色的推销人员,她有这样一次推销经历:

那天,她准备向某准客户推销一款定价1280元的吸尘器。

第一天,她按响门铃、道明来意后,就被客户拒绝了:"我是不会购买这种又贵又没用的东西的,请你走吧。"客户态度如此坚决,让玲玲备受打击,但是她决定出奇制胜,让客户接受自己的产品。

第二天一大早,玲玲又来了。客户还是坚决地拒绝了她:"拜托你别来了,我不需要。"这次,玲玲并没有急着介绍自己的产品,而是从口袋中掏出一张一元的钞票,当着客户的面把它撕碎,对客户说:"您心疼吗?"

客户吃惊地看着她,心想,这人怎么了?大脑受刺激了吗?还没等客户开口,玲玲就离开了。

第三天早上,玲玲又在同一时间来到客户家。客户开门后,玲玲又掏出一张一元的钞票,当着他的面把它撕碎,问:"您心疼吗?"

客户说:"不啊,反正不是我的钱,你喜欢的话,就继续撕。"

玲玲说:"我撕的不是我的钱,而是您的钱。"

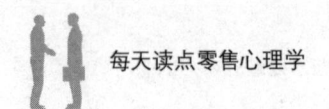

客户很奇怪:"怎么会是我的钱呢?"

玲玲并没有马上回答客户,而是停顿了会儿,这时,客户急了:"你倒是说啊。"

此时,玲玲才缓缓地说:"您和您爱人结婚住进这所房子,也有20年了吧,如果在这20年里,您使用的是我的吸尘器,那么每天就可以节省1元,一年365元,20年就7300元,不等于撕掉了7300元吗?你今天还是没有用它,所以又撕掉了1元。"

客户不禁笑出声来,很爽快地答应购买。

案例中,玲玲在推销吸尘器的过程中之所以能转败为胜,就在于她设置了一个悬念,吊足了客户的胃口,从而引发客户的注意和兴趣,让客户产生强烈的知晓答案的愿望。在玲玲告诉其真实原因后,客户自然被折服而选择购买。

有人做过一项调查,结果显示:视觉和听觉都共同作用于客户会比仅仅付诸听觉要有效8倍。优秀的销售员都明白,在5分钟内所表演的内容,会比10分钟内所说明的内容还要多。

那么,具体来说,销售员该怎样激发客户的好奇心,又该注意些什么问题呢?

1. 设置悬念,并见好就收

设置悬念的方法有很多,但必须是有事实依据的,不能捏造事实,更不能以一些摸不着头脑的奇谈怪论来吊客户胃口。

悬念的针对目标是客户，销售员的方法不能只是自己觉得好奇，而忽略了客户的心理感受。

另外，为客户制造悬念，也要见好就收，不要一味地让客户猜，一旦客户失去耐性，你设置的悬念就起不到任何作用了，反而还会让客户生厌。

2. 方法要新奇

让客户自己看到并认可产品的优点，是很多销售精英常用的手段，而如何引导客户体验，需要我们通过新奇的手段，激发客户的好奇心，这无疑是加深客户对产品特性了解的一个好方法。

3. 要注意与客户的交流

如果销售员只顾自己操作，不去注意客户的反应，那么，很容易造成销售员自导自演，而客户不明就理的窘境。如果在演示过程中客户提出疑问，这说明他能够跟上你的思维，这时销售员要针对客户提出的问题重点演示或重复展示，不能在演示中留下疑问不去解决。如果客户对你的演示表现出漠然，你就不要急于表演下去，而是应该巧妙地利用一些反问与设问，想办法让客户参与进来，或者在示范时请客户帮点小忙，或借用客户方便而不贵重的用具等。总之在演示的过程中千万不能忘记与客户交流。

拜访中，销售员要想方设法引起顾客的好奇心，提高他们的注意力，并让客户有探究问题答案的强烈愿望，当销售

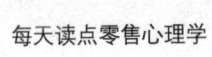

员将客户的好奇心转向产品的性能时，就达到了宣传和推销的目的。

对爱面子的客户灌点"蜜语甜汤"

在拜访客户的过程中，我们可能经常会遇到这样一类客户：无论销售员说什么，他们都好像不可一世，并且表现得似乎比销售员更专业，他们喜欢说而不喜欢听，这类客户就是爱面子的客户。面对这样的客户，一些信心不足的销售员常常不知道怎么应对，不敢继续推销。也有一些销售员，为了证明自己，与顾客进行一番理论，而到最后，不仅让生意白白溜走，还让自己乃至公司的形象受损。其实，对于这类客户，我们如果能放低姿态，给其灌下"蜜语甜汤"，满足其虚荣心，销售也会顺利进行。

西方有句格言："请用花一样的语言说话。"对于爱面子的客户来说，恭维的话往往让他们很受用。

那么，具体来说，我们该如何应对这类爱面子的顾客呢？

1. 在最短时间内判断顾客的特性

客户是哪种类型，销售员可以通过客户的说话方式了解，一旦判定对方是这类爱面子的客户，那么，在开始推销时，他就会表现出主动的姿态，会对你销售的产品质量、功能、缺点以及你的销售态度、专业水平或者对生产厂家等各个方面提出诸多要求、观点甚至是批评意见等。对此,在进行正式的销售前,我们一定要善于察言观色,摸清顾客的特性,进而揣摩他们的心理、特点和利益需求,然后才能在说话的时候很好地对症下药,准确地找出应对策略。

2. 放低姿态,以讨教的语气进行交流

这类客户在与销售员交谈时,要么对销售员的推荐默许地点头,偶尔针对不足之处做善意的更正;要么是急于表现自己,不等销售员开口,就喋喋不休地向销售员传授专业知识,对于销售员推荐的不足之处,会无情地指出,使销售员下不了台。对此,销售员可以放低姿态,以讨教的语气与客户进行交流,利用他们好胜的心理来促成销售。

3. 满足客户的"狂妄"心理,多说恭维话

例如对他们渊博的学识表现出敬佩的样子,这不仅让他们狂妄的心理得到满足,也会为了表现自己而向销售员传授更多知识。

总之,面对这类爱面子的顾客,如果我们采用传统的说教方式劝其购买,恐怕是不起作用的。如果你想获得成功,就不妨多说些甜言蜜语,使你的语言像花一样绽放,让客户心情愉悦起来,与你进行一个很好的交流,从而为销售成功奠定一个好的基础。

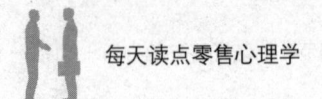

循序渐进，拜访中销售目的不能太明显

拜访客户是销售过程中不可避免的环节，然而，一些销售员为了将产品尽快推销出去，在与客户沟通的过程中，目的显得很明确，只是一味地介绍自己和产品，结果还没开口介绍就被客户拒绝，只得灰溜溜地离开，销售业绩也不尽如人意，到最后还弄不明白，为什么现在的客户这么难开发？客户关系这么难维护？其实不然，不是客户难搞定，是你说话的方式没有打动客户的心，有许多东西你是否注意了？有许多方面你是否做到了？如果能够多去思考，善于复制别人成功的方法，善于行动，善于总结，那么搞定客户也很轻松。

要知道，客户在接受销售员拜访时，他们会产生一定程度的心理波动，他们会担心被骗，担心产品质量不过关，担心价格过高等。这时，最忌讳的方式是硬推产品，因为这样往往使客户压力过大而最终放弃采购。也就是说，我们在拜访客户中，关于销售的话术不可太露骨。

原一平有一次去拜访他的一位客户，出发前，他已经做足准备工作。他通过了解发现，这位客户是个怪人，脾气不好。见面后，他发现果真如此。

"您好，我是原一平。"

"我知道，是那个卖保险的吧，不好意思，我不需要，我一直讨厌保险。"

"您能告诉我为什么吗？"原一平依然保持微笑。

"讨厌是不需要理由的！"他显得有些不耐烦。

"嗯，您说得有道理，之前我听我的朋友们说您在这个行业是佼佼者，如果我也能这样成功就好了，那肯定是一件很骄傲的事。"原一平在说这些话的时候，语气温和，而且是一脸的微笑。

经原一平这么一夸，这位客户的态度立即温和多了："我一向是讨厌保险销售员的，不过你好像跟别人不一样，好吧，你就说说你的保险吧……"

接下来的沟通中，这位客户与原一平聊得十分开心，彼此还兴奋地大笑起来，最后，他很爽快地签了投保协议。

原一平成功的推销经验告诉我们，在开发客户的过程中，不管对方是什么态度，也不管客户说了什么，我们都要面带微笑，表现出良好的职业素养。

那么，我们该如何做到循序渐进，不着痕迹地达到我们的拜访目的呢？

1. 语言亲切、自然，在客户心中建立好感

作为销售员，怎样将产品销售出去是根本问题，但要销售产品的前提是，我们要成功地将自己推销出去。第一步就是取得客户的信任，要知道，信任是成交的根本，所有的技巧能获

得成果都是建立在信任的基础上。只有将真诚的态度融入每一句话中，才会消除客户的芥蒂心，真诚接纳我们。

2.表达对客户周围的人和事的关心

在日本，主妇们上午都很忙，因为要打扫和洗衣服，所以，她们在这段时间是不希望被外人打扰的，她们有空闲应付销售员的时间大约是下午4点钟，然而这时正是婴儿午睡的时间。

大吉保险公司的川木先生是个出色的销售员，他到客户家门口的时候，不会按门铃，而是轻轻敲门，以示访问之意。当主妇前来开门时，他会用最小的声音向一脸狐疑的母亲说："宝宝正在睡午觉吧？我是大吉保险公司的川木先生，请多指教。4点多的时候，我会再来拜访一次。"

3.把控进程，别占用客户太多时间

客户最讨厌的就是喋喋不休、不知所云的销售员，谁的时间都是宝贵的，这需要你学会把控整个谈话进程，让每一个步骤的沟通都能起到正面积极的作用。如果你自己都没有准备好，客户自然感受不到你的用心，不了解你此次拜访的主题，客户为什么要花时间与你会话呢？所以检查一下自己每天的工作内容中有多少是属于无意义的拜访。

拜访开始时你说的打扰多久就尽量只占用多久客户的时间，别说个没完，否则客户不但认为你不守信用，还会觉得你喋喋不休，那么下次你再想约见他恐怕就很难了。当然，如果客户自己愿意延长时间与你交谈那就另当别论了。

总之，一个好的销售员总是在不断学习和不断进步的，尤其是总结各种讲话艺术的优缺点，取其所长在销售过程中综合利用。在与潜在客户沟通过程中，要做到准备充分、有勇有谋、多留后路，才能把握整个拜访的进程，并运筹帷幄，进而减少急躁、急功近利的情况！

别在拜访时就让客户有机会拒绝你

任何销售员，都希望在拜访客户时能留下好印象，这是推进销售进程的重要方面。如果客户在刚接受你的拜访时就拒绝你，那么无疑为销售增加了难度。

确实是这样，有时候沉默是金，我们总是不愿意在接受别人批评的时候保持沉默，譬如面对一个难以说服的客户。其实，有时候，"此时无声胜有声"，沉默才能堵住客户的嘴，沉默可以给对方和自己都留有余地，沉默甚至可以使局面发生翻天覆地的变化。

那么，究竟有哪些技巧可以不让客户找借口拒绝你呢？

1.掌控主动权，别让客户牵着鼻子走

完全顺从客户，有时候并不能拿下订单，因为这样的销售员会让客户觉得缺乏专业技能、销售能力不强，如果你态度强硬一点，学会向客户提要求的话，反而会赢得客户的感激。例如你可以十分自信地对你的客户说："××总，在这个行业，你可以拒绝任何一个销售员，但你不可以拒绝我，因为我是一个很专业的销售员，我的经验告诉我，你拒绝了我，你就拒绝了财富，就是你的损失。"

在销售行业，那些销售冠军从来不会尾随于客户身后，而是会提要求，他们有信心掌控全局，从来不会让自己被客户牵着鼻子走，他们是销售的主人。可在现实的销售活动中，很多销售员却总是害怕自己被拒绝，于是，对客户小心翼翼，生怕得罪客户毁了生意。但实际上，这样做的效果并不是很好。如果销售员愿冒被拒绝的风险而直接提出要求，可能就是另外一种销售景象。

那么，该如何提要求呢？

总的原则是，你要求的内容不能超过你的职责所在，那就是卖出产品。在提出这一要求之前，你还有很多方面是需要提出要求的，如与客户见面、了解客户拒绝的原因、客户的需求等。同时，你在要求的时候，要秉着积极、友好、礼貌的态度，在不卑不亢中要求；另外，你还需要向客户表明你的信心、对产品的信心，要在与客户沟通的过程中，表现出你势在必得的气势，你要在所有的解说完毕，销售活动进入尾声之际，请求客户做出购买决定。

2.绝不让客户说"不"

不让客户将"不"说出口，最好的方法就是一直让客户说"是"，承认你的话术是正确的。例如，你可以对客户说："××先生，您应该知道我们的产品向来都比A公司的产品价位低一些吧？"当然，销售员在让客户肯定某些销售情况时，前提是必须对该情况了如指掌，不能被客户钻了空子。销售员懂得这一销售技巧，可以顺利拿下很多订单。

销售行业，本来就是一个没有极限的行业，拿"心有多大，舞台就有多大"这句话来形容再恰当不过。真正的销售技巧，并不只是口才的展现，还有对语言的把握和认知能力、对销售局势的掌控能力等，这是一种需要销售员不断摸索和学习的能力。

总之，任何一名销售员，在拜访客户的过程中，都要有把控整个局势的信心和能力，只有这样，才能逐步引导客户接受你的产品，也绝不能让客户说"不"；只有这样，才能为成功推销奠定基础。

用点心机，留下下次拜访的话茬儿

销售工作的目的无非就是将产品推销出去，所以，一些销售员在拜访目的没有达成的情况下就垂头丧气，认为销售已经失败。其实，罗马城不是一天建成的，任何一件事也不是一蹴而就的，我们的销售工作也是如此，指望一次就成功是不成熟的想法。那些销售精英都知道，每一次拜访和交流其实都是有效用的，我们应当信奉的一个原则是"即使跌倒也要抓一把沙"。意思是，销售代表不能空手而归，即使你今天拜访的客户表示自己没有需要，但这并不表明他以后也没有需要，不要与之失去联系，而应该适时地安排好下次拜访的理由，以备下次能顺理成章地完成拜访。为此，销售员可以记住以下两点说话原则。

1. 在接触阶段，善用谈话的间隙

可能很多销售员都苦恼，怎样对客户进行二次拜访呢？怎样找借口呢？有些销售员认为可以打电话关心客户、问询客户的身体和近况等，但很多时候，这样做无疑是暴露自己的目的，客户也是不喜欢的，事后他们一般不会太配合你。如果我们在接触阶段，就注意更多地了解客户的细节的话，那么，就能利用谈话的间隙，分析出客户需要什么、喜欢什么，进而完成对客户的诱导。例如，当你无意中得知客户喜欢吃某种食物时，你就可以在拜访结束时告诉客户："前两天朋友从××地方帮我带了很多这种新鲜的××，我回头给您送些来，也不是什么贵重的东西……"这样，下次拜访的理由自然就找到了。

2. 善于掌控谈话的时间，不要一次性把话说完

办公器材销售员飞飞在客户办公室里已经交谈半个小时，午饭时间到了，于是，飞飞说："周老师，您看，从您下课到现在我一直在打扰您，都到午饭时间了，要不今天就聊到这儿吧。不过，我过几天可还要来请教您啊，您不会不欢迎吧？"

"当然欢迎，和你聊得很开心呢，也学习了不少东西。"

果然，过了几天，还没等飞飞预约，这位客户就主动给飞飞打电话了……

很多销售员认为，交谈的时间应由客户控制，否则可能会得罪客户。其实不然，在销售中主动"叫停"是销售高手的杀手锏，主动结束话题，不但能体现你的贴心——为客户节约时间，也能为下次再沟通寻找机会，对于这样诚恳的邀约，客户一般是不会拒绝的。

总之，作为营销人员，在销售话术中一定要留个心眼，尽量为下次拜访留下话茬，这样，在与客户一来二往中，感情就加深了，成功推销就是水到渠成的事。

第 4 章

网络销售心理学：愉悦体验让客户自动找上门来

现代社会，随着科学技术的发展，互联网行业越来越发达，越来越多的销售员开始借助互联网进行推销工作，也就是网络营销。然而，网络销售与实体店销售自然有所区别，也有其难度，如客户群体的不稳定、产品无法得到亲身体验等，都让网络销售有了难度，这就需要销售员掌握更多的关于客户的购买需求和购买心理的知识，找到更多的心理应对策略，才能留住客户实现销售目的。

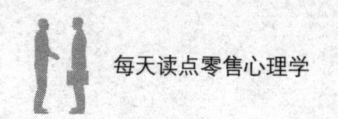

利用网络搜索潜在客户

对于现代社会忙碌的人们来说，网购成为一项流行的购物方式，网购更便捷，能够解决购物时间、地点上的限制，因此，在营销中，可以说网络是最便捷的宣传渠道。销售员不仅可以通过网络把客户搜索出来，还可以通过网络了解更多的客户信息，如客户的产品、经营状况、财务状况等。另外，网络上很多资源都是无偿的，而且一年365天都可以提供服务，网络的成本比较低，但是效果却是不容忽视的。网络从其诞生起，就成为许多网络精英获取财富的一个极其实用的手段。因此，作为一名销售员，要想自己的业绩有所提高，一定要利用好网络这个庞大的资源。

倩倩是一家彩妆店的老板娘，生意一直不错，但她想把生意扩大。然而，这不是容易的事，最近，她一直为这件事苦恼。

一次，她和小姐妹玲玲一起出来喝茶，玲玲开的也是彩妆店，不过因为她要照顾孩子，所以开的是网店，这样时间上更自由。

见面后，倩倩问："最近生意怎么样？"

"挺好的，有点忙，不过最近我表妹过来帮忙了，告诉你，很多顾客都来购买，今天就拍了不少呢。"

"是吗？真不错，我最近就头疼了呀！"

"怎么了？"

"还不是想扩大经营，我也想开拓一下市场，但是哪有那么容易，现在我们市里的几个专柜生意都没有以前好了，更别说我这样的小店了。"

"嗨，原来是这事啊，很简单嘛，现在网络这么发达，你为什么不通过网络搜索呢？"

"对呀，我怎么忘了这一点啊，可是，我也不知道怎么搜索啊，你经常泡在网上，应该有点经验吧？"

"那当然……"

案例中彩妆店店主倩倩的苦恼之所以得到顺利解决，就在于她得到了好朋友的点拨。的确，现在寻找潜在客户的方法中，网络搜索已经成为最便捷、最常用的方式之一。

销售员可以通过以下方式充分利用网络资源。

（1）在网站上注册并发布自己的公司，定时更新产品信息。

（2）运用有名的搜索引擎进行搜索，这时候要注意选择适合的搜索关键词。

先在网上通过一些商业网站去搜索潜在客户的资料，或通过大型的搜索引擎诸如百度、搜狗、谷歌、雅虎等，用关键词搜索；不要固定用一个搜索引擎，同样的关键词，在不同的搜

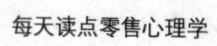

索引擎中就有不同的结果。这里，我们可以这样采用以下这些搜索方法。

①关键词搜索法。每个行业几乎都有行业网站，我们可以运用关键词搜索法，诸如某某专业网，某某行业协会、展会商的网站等。这些网站上一般都有会员列表，也有很多相关链接，可供我们使用。

②产品名称搜索法。你可以输入关键词：产品名称+关联产品名称。这样的搜索结果往往是一些目标客户网站和行业网站。

③买家搜索法，即产品名称+你的行业里面著名买家的公司简称或者全称。这种方法可以帮助你找到行业市场的情况，并能在相关的网站中找到其他买家的名字。

④寻找能链接到重要客户的网页。即用Google查找大客户网站的链入网页。无论是什么情况，链入的网页很可能是个比较专业的网页，考虑到该网页可能同时包含其他潜在客户，所以有很高的关注价值。

⑤寻找引用有客户网址的网页。方法同上，只是查找的是引用客户网址的页面，而不是链入页面。

（3）搜索竞争对手。我们可以在网页上搜索竞争对手，包括对方的业绩、业务范围等信息，这也是获取更多客户资源的好机会。

当然，网上搜索到的客户，往往因为在寻找的过程中很难对客户做出有效的评估,很难判断客户是否属于潜在客户群,很难判断客户是否就是决策人,所以,我们在网上寻找后,还要进行大量的确认工作,这也正体现了寻找客户源这一工作的艰辛!

借助网络市场,让客户不请自来

现代社会,随着信息技术的发达和网络的盛行,网络营销逐渐被推销人员运用起来,而且,相对于传统营销,这种营销方式在节省成本上有很大的优势。那么,如何运用这种营销方式呢?

对此,我们先来看看下面的案例。

一到月底,公司就要统计每个业务员的业绩,每到这个时候小美都很苦恼,因为她的业绩大概只能给同事们垫底了。

中午,大家都出去吃饭了,唯独小美还在工位上发呆,她的同事阿强走过来,看到闷闷不乐的小美,就问:"你怎么了?"

"没什么,就是看看网上的同行心得,看看大家怎么做网络销售的。"

"天哪,难道你一直用这种调查报告去应付上面呀?"

"当然,难道你不是吗?"小美一脸疑问。

"当然不是了,你自己都没有一套的销售技巧,你怎么将产品卖出去?"阿强反问小美。

"你说的可不是吗?我也不知道为什么那些网络客户不买我的账。"

"要做销售就要知己知彼,你了解这些网络用户的需求吗,你做过网络调查报告没?现代社会,哪个年轻人不会网购?甚至可以说,老年人也都在网购了,既然这样,我们为何不采取一些办法来吸引客户呢?而且,计算机行业的发达,衍生出了很多的计算、生成数据的工具,我们直接拿来应用就可以了。"

"我怎么没想到呢?那具体来说,我们该怎样做呢?"

这个案例中,销售员小美在同事阿强的点拨下,找到了自己业绩差的原因——对客户缺乏调查和了解。

很多销售员会产生和小美一样的疑问,网络销售确实比奔走于各个客户之间更便捷,但是怎样才能做好网络销售工作,才能让客户不请自来呢?

1. 利益诱导法进行网络资料收集

网络营销中用户数据收集与挖掘具有重要的商业价值。但要成功实施在线的用户数据收集,需要多种诱导措施,如有奖调查、价格优惠调查、可邮件营销等,并且需要对这种调查采用报道、发帖、邮件、明确通告等多种形式予以推广,方可能聚合一定的接受调查的用户，以获取第一手的有效数据。

2. 调查潜在客户，并进行关系管理

在网络市场调查中，通过管理潜在客户，能了解客户的购买状况、需求等，以此提升客户资源的整体价值，并帮助企业有序地监控订单的执行过程，同时有助于避免销售隔阂，帮助企业调整营销策略。收集、整理、分析客户反馈信息，支持企业管理层的决策行为，帮助提升企业的核心竞争能力。

3. 让网络中的潜在客户了解到你的产品

网络调查是依赖于互联网展开的，反过来，这对于拉近与潜在客户之间的关系和距离也十分便捷，让使用互联网的潜在用户方便地找到你，看到你的产品、技术和性能等。

借助微博的强大吸粉能力进行产品宣传和推销

现代社会，随着网络技术的发展，信息的流通速度越来越快，在这样的信息大环境下，微博应运而生，接下来，很多新兴名词如"博主""粉丝"就应运而生，那些知名博主本身就是一个自媒体，他们拥有着数量庞大的粉丝团体，对自己的粉丝拥有话语权。在这样的潮流下，微博营销也就产生了，有人对这种营销方式这样评论过："粉丝超过100，就好像是本内刊；超过10万，就是一份都市报；超过100万，就是一份全国性报纸；超过1000万，就是电视台；超过1亿，就是CCTV！"这一评论贴切又诙谐地表述了微博的作用。

无疑，微博会成为未来商战的又一重要战场。于是，一个新名词——微博营销产生了。微博营销是新兴的网络营销方式，随着微博的火热，催生了有关的营销方式，就是微博营销。每一个人都可以在新浪、网易等网站注册一个微博，然后利用空闲时间更新自己的微型博客。每天更新的内容就可以跟大家交流，或者发表大家所感兴趣的话题，这样就可以达到营销的目的。

在售后服务中，我们也能利用网络宣传产品和服务方面的信息，这一方式，比传统售后服务来得更快捷、传播的范围更广。

维尼在一家礼品店当业务员，服务那些年轻的时尚男女，每天来找他购买时尚礼品的人很多，他的业绩一直让大家羡慕不已。

为什么维尼的生意那么好？不仅能与客户交朋友，还能有良好的销售业绩？这让维尼的很多同事很是诧异。对此，维尼开玩笑："看来，你们真是落后了！"听到这一回答，众同事更是不知所云，这时，维尼打开自己的笔记本电脑，登录自己的腾讯微博。

"哇，你有这么多的粉丝啊。"同事看着15699这个数字，都惊呼起来。

"是啊,每天我都会及时更新微博,主推一些有趣又好玩的产品,并且附上使用方法,年轻人跟风意识很强,只要有一个人觉得好玩,就会评论,接下来就会有络绎不绝的人来下单,通过微博与客户互通信息,既时尚又贴心,你们也可以试试看啊……"

"嗯,我们也要向你学习啊,不然我们真的也落后了……"同事都应承道。

案例中的礼品销售员维尼就是运用微博营销来做生意的,那些老客户总是能从他的微博中了解到最新的产品状况和服务。事实上,网络销售最重要的就是人气和信誉,人气和信誉好,就能让客户信任,就能拥有好的销售业绩。

那么,作为销售员,我们该如何通过微博来让客户随时了解到产品和服务信息呢?

这包括以下几个步骤。

1. 账号认证

这是微博营销的第一步,账号认证的优点在于,形成较权威的良好形象,微博信息可被外部搜索引擎收录,更易于传播,不过也有一点不好的地方,就是信息的审核可能会更严格。

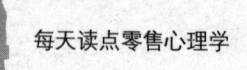

2. 内容发布

微博的内容信息尽量多样化，最好每篇文字都带有图片、视频等多媒体信息，这样最能吸引受众注意；微博内容尽量包含合适的话题或标签，以利于微博搜索；发布的内容要有价值，如提供特价或打折信息、限时内的商品打折活动，可以带来不错的传播效果。

3. 内容更新

微博信息每日都要进行更新，要有规律地进行更新，但不要更新得太频繁，一小时内不要连发几条信息，抓住高峰发帖时间更新信息即可。

4. 积极互动

多参与转发和评论，主动搜索行业相关话题，主动去与用户互动。定期举办有奖活动，提供免费奖品鼓励，能够带来快速的粉丝增长，并增加其忠诚度。

5. 标签设置

合理设置标签，新浪微博会推荐有共同标签或共同兴趣的人加关注。

6. 圈粉

圈粉，也就是获取高质量的粉丝，不在于你认识什么人，而在于什么人认识你；不在于什么人影响你，而在于你影响了什么人。关注行业名人或知名机构，善用找朋友功能，提高粉丝的转发率和评论率。发布的内容主题要专一，内容要附带关键字，以利于高质量用户搜索到。

把握以上几个步骤，销售员一定可以与客户做好良好的沟通！

注重客户好评，让客户的满意度为你说话

我们都知道，网络已经成为现今社会信息传达和扩散的重要媒介，作为销售员，也可以利用这一点来宣传自己的产品。然而，"王婆卖瓜，自卖自夸"的宣传方式是起不到良好的效果的，最好的方式是通过老客户传达，也就是商界常说的"口碑营销"。"口碑营销"，指的是企业在调查市场需求的情况下，为消费者提供需要的产品和服务，同时制订一定的口碑推广计划，让消费者自动传播公司产品和服务的良好评价，从而让人们通过口碑了解产品、树立品牌、加强市场认知度，最终达到企业销售产品和提供服务的目的。我们发现，只有使顾客感到满意的企业才是不可战胜的。满意的顾客是最好的广告，满意的顾客是最好的销售员。顾客满意就是企业利润的最好指示器和增长点。同样，网络销售中，销售员也一定要努力获得客户对产品的良好感受，使其成为我们独特的销售广告。

西西在网上经营一家鞋店，主要客户群体是大学生。

一次，有位男孩通过旺旺与她沟通，他想给自己的女朋友买一双鞋作为生日礼物，并称自己并不知道女朋友喜欢什么样的款式，西西一听就知道这是一个内向的大学生。

"您的女朋友平时都喜欢穿什么类型和款式的衣服？"

"休闲的吧，她是个干净利落的女孩子。"对方回答。

"那她喜欢什么颜色呢？"

"白色、黄色、红色都有吧。"

听到这里，西西大致掌握了客户喜欢的鞋子类型，于是，她为这个男孩子推荐了几款。

"可是我不知道女朋友的鞋码，大概是37的吧，我也记得不大清楚。"

"那您看这样行吗，您就先拿37的，如果大了或小了，您可以退回来，我们给您调换，放心，运费我们承担。"对方一听，还有这样贴心的卖家，既懂得照顾客户需求，又有重义轻利的境界。男孩当即拍下产品，在收到产品十分满意之后，就给了西西一个大大的好评，并且还把这件事传给了同学和朋友，大家纷纷来照顾西西的生意。

这则案例中，我们发现，西西是个很聪明的网络销售员，她深知网络销售最重要的是靠客户的信任和店家的信誉，卖产品就是要卖出知名度、信任度和满意度。很明显，这与实体店销售相似，要想获得更多的客户，就是要培养出顾客的"忠诚度"，才能有更多的"回头客"。

了解到客户的满意度对我们网络营销的重要性后，此时，我们该做的就是如何记录和传播客户的这种优良感受。对此，我们可以从以下几个方面着手。

1. 敢于主动提出请求，让客户帮我们填写心得

一些耿直的销售员可能会想，这还需要我们请求吗，客户会自动填写的，其实不然！顾客只是和我们有成交的经历，但如果我们不主动要求客户填写的话，他们是不会意识到这一点的，因为与自己无关的事，他们一般不会想起来，所以，在成交后，我们可以和客户沟通："我还麻烦您一件事情，行吗？您能否帮我填写一下产品购买的感受，这是我们销售员的工作之一，完成这项内容，才算把产品卖出去了。"一般来说，客户应该不会拒绝如此诚恳的销售员。

2. 用利益回馈来请客户给出评价

这类方法有很多，如返还现金券或者积分、小礼品的方式，让客户帮忙给出评价。如果产品质量确实过硬，相信客户会给出好评的。

3. 将客户的良好感受通过网络传播开来

除了购物页面上的"客户评论"外，传播客户好口碑的方法还有很多，如在线搜索。

Google市场部副总裁辛迪·麦卡菲曾说："我们没有做过一次电视广告，没有贴过一张海报，没有做过任何网络广告链

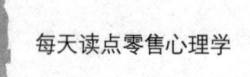

接。"虽然没有做广告，但是Google在网民心中的口碑是毋庸置疑的，并且，从创办之初到现在，它一直注重网民的满意度，这种品牌营销战略产生了极佳的效果，在线搜索领域市场份额的急速攀升就证明了这一点。正如纽约品牌战略公司的阿兰·西格尔这样评论Google："Google的成功在于，它使人们不断地谈论它。"

当然，要想让客户对我们的产品有良好的感受，还需要销售员自身和企业能够为客户提供优质的产品或服务，并且给消费者体验的机会。

促成成交需要对客户多提示

现代社会，互联网对于销售行业的便捷性早已毋庸置疑，然而，网络销售也不是完美无缺，相对于传统营销模式，网络销售的客户群比较复杂，不少客户的购买心态是"无所谓"，即便是各方面十分突出的产品，他们也看不到产品的真实情况，"看不到、摸不着"，也就没"心动"的感觉，在购买欲望没有被激发的情况下，他们一般都不会决定购买。此时，需要销售员进行温馨提示。

木木是一家美妆店的店主，这天，她的网店里有位客户向她咨询问题，在问了一系列问题后，这名顾客依然没有购买。

于是，木木决定提示下客户："请问您还有什么疑虑吗？"

客户："根据我的了解，我认为你们公司的产品在价格方面……"

木木："其他方面呢？"

客户："除了价格方面，我还担心你们公司产品的质量和售后服务是否能到位，你知道这些情况对我们十分重要……"

木木："我理解您的忧虑，如果这些问题我们能够做到完全让您满意的话，那么您对交货日期和快递还有哪些要求吗？或者您还有其他需要补充的问题？"

客户："按照我们一贯的做法，交货日期最好是在……至于其他问题，我还有一些担心，如……"

木木："好的。"

……

可是过了半天，这位客户仍旧没有提出成交申请。

木木心想，网购的人们都喜欢左看看、右看看，货比三家，一些客户因为在购物时被其他事情耽搁，甚至忘记购物一事也有可能。于是，她提醒："亲，如果您现在购买的话，今天下午4点前还是能发货的，这批产品很快就能到手了。"

过了会儿，客户回了一句话："好的，稍等，有点事，过会儿付款。"

可是半小时过去了，客户还是没动静，木木又提示客户：

"我看到您拍下的地址了,请您核对一下××"。

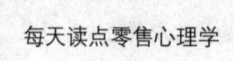

"对的,付过款了,请早点发货。"

"嗯,感谢您的惠顾,我们会尽快把宝贝送到您的手中。"

很明显,案例中的网店店主木木在提示客户这一点上很有心得,如果她直截了当地提醒客户付款,很可能会让客户产生反感情绪。"如果您现在购买的话,今天下午4点前还是能发货的,这批产品很快就能到手了。""我看到您拍下的地址了,请您核对一下××。"这都是变相的、不着痕迹的、温馨的提示,让客户感受到销售员的贴心,自然会乐意购买。

当然,提示客户,销售员也要注意如下一些问题。

1. 提示要温馨,要不着痕迹

案例中的销售员木木的提示方式是值得我们效仿和学习的,我们要达到让客户立即购买的目的,还不能让客户感觉到我们急于成交。对此,我们就需要从客户的角度说话,让客户明白立即成交的好处。例如,客户能尽快收到产品等。

2. 不要威胁客户

一些销售员认为,网店又不是实体店销售,我们的态度怎样,客户怎么知道。其实,客户会从你的文字中觉察出你的态度。如果这样提示顾客:"请立即付款,不然我无法保证什么时候发货。"那么,你的提示就成了威胁,客户何必花钱找气受,自然就会选择去其他家光顾生意了。

3. 给出保证，让客户放心

有些情况下，客户之所以迟迟不肯成交，无非是为了达到心理上的一种安稳，在得到销售员的这些承诺后，他们就等于吃了一颗"定心丸"。在售后，一旦产品出现问题，他们也可以及时联系到负责的部门，从而解决这一问题。

的确，客户花钱购买产品和服务，自然希望能花最少的钱，得到最多的好处，这种心理是正常的。通常情况下，他们都会"货问三家不吃亏"，在获得更多信息的情况下，他们会进行比较，以选择出最适合和性价比最好的产品。因此，销售员要掌握好客户的这种心理，及时提示客户，并给他们关于产品和服务的保证，消除他们对整个交易的不安全感，从而增强他们对整个交易的信心。

第5章

电话销售心理学：掌控话题轻松赢得大订单

电话可以说是20世纪最伟大的发明之一，自从有了电话，人们就免除了为通信而奔波的痛苦。现代社会，电话营销更成为销售员最便捷的销售方式之一。电话营销虽然与客户未曾谋面，但要想让客户对我们的产品产生兴趣，我们也同样需要掌握一些心理对策，只有在轻松的话题沟通中，才能让客户逐渐接受我们。

与客户套近乎，轻松赢得客户心

在电话营销中，销售员最害怕的大概就是刚表明自己的身份，就被对方无情地挂断电话，这是因为客户有着很高的警惕心，对产品和服务等的顾虑与担心都出自一种十分正常的自我保护与防卫心理。对此，我们不妨说几句让客户认可的实话，以显露出我们的真诚，打消客户的戒备心之后，我们与客户的谈话才有进展。

闫辉最近在与他的客户接洽一笔通信设备购买的事，虽然他已经几次与客户沟通了，但对方就是迟迟不成交。这天，闫辉又拨通了电话："郑经理，关于设备购买的事情，您考虑得怎么样了？"

"哦，不好意思，我暂时还没有购买的想法。"对方态度冷淡。

"我能理解，毕竟这不是买白菜萝卜，这种大型的采购活动，确实需要谨慎，不能出半点问题，不然会影响整个企业的运营。"闫辉语重心长地说。

"是啊，真难得你能理解我的难处……"

"对于我们公司的设备，您大可以放心。您也派技术人员试用过，我想知道您还担心哪些方面的问题呢？"

客户说道:"其实我们急需一批这样的产品,对于你们公司本身的生产能力及产品质量我已经没有什么可顾虑的了,不过我担心的是你们能否在合同签订的15天之内就将产品全部发到指定地点。"

听到客户这样说,闫辉马上说:"原来您是顾虑这个问题,这一点,您可以放心,我们会跟您签订交货合同。这样吧,您稍等下,我给您传真一份资料,您就知道我们的送货渠道是怎样的了。"

一分钟后,闫辉对客户说:"相信您已经看到资料了,这是我们公司专门针对紧急要货的客户制定的'快速订货通道'。通过'快速订货通道',我们公司可以按照您的要求送货到指定地点,只要您能按照合同规定及时支付货款,到时候就可以凭单取货了……"。

听到闫辉这样说,电话那头的客户松了一口气,认真思考了一会儿之后,对闫辉说:"明天我会到贵公司签合同。"

案例中,闫辉深知客户一直不肯签订购买合同是因为有顾虑,但是他并没有催促,而是先对客户的顾虑表示认可,然后用几句真诚的话表达了对客户心情的理解,迅速拉近与客户的心理距离,得到客户的信任之后,再询问客户顾虑的原因就容易得多。面对真诚的销售员,这位客户也没有拐弯抹角,而是直接道出了自己所担心的问题,此时,精明的销售员闫辉拿出了最有力的保证，从而彻底打消了客户的戒心，让其决定购买。

具体来说，销售员需要像如下这样在电话中向客户表达真诚。

1. 表达同理心，理解客户的顾虑

同理心，就是站在他人角度考虑问题，表示对他人想法的理解。我们在电话营销中，更应该做到这一点。表达同理心能让客户意识到你跟他是始终站在一起的，无形之中就有效地拉近了双方的距离。表达同理心的方法有以下几种。

（1）认同客户的需求。

（2）陈述该需求任何人都有。

（3）表明该需求未能满足所带来的后果。

（4）表明你能体会到客户目前的感受。

在上面的案例当中，闫辉就是站在客户的立场说话，对客户的顾虑表示理解，进而消除客户内心顾虑的，这一点，值得所有销售员学习。但在表达同理心时，销售员要注意，不要太刻意，要站在客户的角度说话，不然会有故意讨好客户之嫌。

2. 给出保证，消除客户的戒备心

销售员要想在电话中迅速消除客户的戒备心，最有效的方法是说一些关于产品的"实话"，但一定要用恰当的方式，把有利于自己的信息传递给客户，让客户感到购买你的产品是一个正确的决定，提高客户的满意度。这样，可谓一举两得。

另外，电话沟通中，当客户存有戒备心时，销售员一定要有耐心,要用真心话拉近与客户之间的距离,客户才会逐步信任你。

将你的友好态度注入声音中

现代社会,随着通信技术的发达,电话为人们的工作和生活带来了巨大的便利,电话营销也逐渐进入销售界。推销大师乔·吉拉德就是电话推销的高手,他曾说:"最初我只靠着一部电话、一支笔和顺手撕下来的四页电话簿作为客户名单拓展客源,只要有人接电话,我就记录下对方的职业、嗜好、买车需求等生活细节,虽吃了不少闭门羹,但多少有些收获。"

对于这种销售方式,一些销售员认为,不就是打个电话吗?无非就是给客户说明一下自己的身份及销售目的,或者再通过询问等方式了解一下客户的需求等。但实际情况并非如此,如果我们不熟练掌握电话营销的精髓,就会出现下面这种情况:当我们还没完全地亮明身份的时候,就会遭到客户毫不客气的拒绝,甚至干脆挂断电话不再给销售员以任何展开推销的机会。因此,销售员必须用好电话这根销售黄金线,否则,不但会浪费自己及客户的宝贵时间,还会引起客户的不满。高明的销售员往往在电话中就能让客户"看"到他挂在脸上的笑容,从而让客户产生好感。

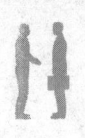

销售员阿虎是个很有工作干劲的人，现在的他已经是一名销售主管了，在培训新人时，他经常说："要每天微笑着面对工作。"

周一这天早上，一位新来的同事来求助他，希望他帮忙搞定一个订单。

在了解了客户的资料后，阿虎准备给客户打个电话，电话拨通前，他先对着镜子整理了一下衣服，然后深吸一口气，露出一个非常热情的微笑。他告诉自己：这可能又是一个非常难说服的客户，但无论怎样，都要热情地微笑。准备就绪后，他拿起了电话。

"喂！您好，是××公司吗？我想找一下×××经理。"阿虎面带微笑地询问。

"请问您哪位，我们经理不在，有什么事您可以跟我说。"很明显，接电话的不是经理秘书就是助理。

"我是×××公司的阿虎，昨天我们公司给贵公司发了一封快件……"还没等阿虎说完，对方打断道："又是想搞推销的吧？那算了，前面的话当我没说，我们经理说了，只要是搞推销的，一律不许接听。"

这一切都在阿虎的意料之中，毕竟他也是身经百战了，这点小小的挫折不算什么，他早就想好了应对措施。他的脸上依然洋溢着他的招牌式笑容，接着，他又说道："您先别挂电话，我知道您每天很忙，而且每天也会接到几十个类似的推销电话,您已经接到很烦了。不过,请您相信,我并不想浪费您的时间,而且我的时间同样也十分宝贵,我只是想和×××经理谈一下,因为我知道贵公司正在扩大生产规模,而我们公司生产的设备是目前国内生产效率最高、性价比最高的、另外,最近,我们公司正在进行回馈客户的活动。所以,请您帮忙转一下×××经理,非常感谢您的帮忙!"

听到阿虎如此真诚地说话,对方也没有再拒绝了,毕竟这已经涉及公司利益了,假如因为自己的硬性拒绝而让公司丧失一个优秀的原材料供应机会,那自己可担不了这样的责任。于是,这位秘书就把电话转接到经理办公室了。阿虎也成功地跨出了此次电话销售的第一步。

案例中,销售员阿虎之所以能改变接线人员对自己的态度,原因之一就是他能始终表现出良好的态度,并没有因为对方的拒绝而灰心丧气,而且对其进行利益权衡,从而打动了对方。所以,带着微笑的声音是更具感染力的。

销售员也是人,所以有时候很容易将生活中不好的情绪带到工作中,即便如此,在电话营销前,也要努力调整好自己的状态。当你情绪不佳时,不妨和案例中的销售员阿虎一样,先对着镜子调整一下自己的情绪,在脸上绽放一个热情的微笑,这个微笑既是给客户的也是给自己的。这样,在拨通电话后,你的微笑会感染电话那头的客户,而这必将会增加你与客户之间相互了解的机会，增加彼此之间进一步交流的机会。

在此，销售员在进行电话营销的过程中需注意以下几点。

1. 面带微笑，相信自己能化解客户的冷漠

一般来说，人们在接到陌生电话，尤其是推销电话时，态度都是冷淡甚至是反感的，对此，我们不要受客户这种负面情绪的影响，反而更应该微笑应对，才能化解客户的冷漠。其实，反过来想，如果我们是客户，可能也有这样的反应。所以，无论对方的态度多么不好，你都要相信，电话另一端的人可以感受到你的微笑，千万不要吝惜自己的微笑。

2. 真心微笑，提升声音的感染力

发自内心的微笑，能让你的声音听起来更亲切、自然，让对方更悦耳；相反，如果你表情呆滞，说话冷冰冰，那么声音就会显得沉闷凝重。因此，销售员在进行电话营销的过程中一定要学会用微笑来提升自己声音的感染力，使对方在愿意聆听自己说话的前提下与自己展开进一步的交流。

3. 让微笑鼓舞自己

人的心情是可以被积极暗示的，如果你假装开心，你就能真的开心，如果你微笑，你会发现自己真的受到了鼓舞。同样，电话沟通中，在与客户沟通无效的情况下，我们也不要气馁，要打起精神、鼓起勇气，同时抱以热情的微笑。因为你的微笑不仅可以给客户以积极的感染力，同时还能给自己以巨大的鼓舞，一个坚定而热情的微笑能够帮你消除心中的胆怯和疑

虑，也能使你更加轻松地面对接下来的工作。

所以，打电话之前，不妨问问自己：我的表情是怎样的？我微笑了吗？

巧妙引导，套出客户的真实想法

任何销售员都知道，推销与拒绝好似一对孪生兄弟，有推销就有拒绝，电话销售更是如此。但面对形形色色的客户拒绝，那些销售精英总是能找出客户拒绝的真实原因，这不仅来源于他们自身的销售经验，更来源于他们的应变能力。他们总是能根据自己掌握的信息做出正确的判断和分析，另外他们善于套话，三言两语就套出客户拒绝的真相，根据自己的分析和判断，针对当时的情况采取恰当的方法予以应对。

那么，销售员在电话销售的过程中，该怎样套出客户的真实想法，并予以解决，从而把握整个谈话方向呢？

1.言语掌控，让客户跟着你的思维走

如果你是房产销售员，你可以这样引导客户："夫人，您想想看，如果您能买下这所房子，那么，您的孩子每次回家的时间就能减少半个小时。每天吃晚饭时，他还能听到对面音乐厅里最悠扬的钢琴声。不失为一种美啊！"

另外，销售员在对客户进行一番暗示后，不要急于询问客户的想法，也不要让客户立刻表态，而是要给足客户时间，让你的话进入客户的头脑，进入客户的潜意识。利用这些方法给客户一些暗示，客户的态度就会变得积极起来，等到进入推销过程中，客户虽对你的暗示仍有印象，但已不认真留意了。当你稍后再试探客户的购买意愿时，他可能会再度想起那个暗示，而且会认为这是自己思考得来的呢！

2. 尽量让客户说"是"

让客户说"是"是为了避免让客户说"不"，而在谈话之初，就要让他说"是"。推销时，刚开始说的那几句话是很重要的。比"如何使对方的拒绝变为接受"更为重要的是，如何不使对方拒绝。

3. 设法引导

不少销售员遇到的情况是，你在电话这头洋洋洒洒地陈述产品优点、表达客户是多么需要购买这一产品，那头却以"考虑看看"为由挂断电话。虽然客户这样说，但销售员要明白，客户此时并不是需要考虑，考虑也只是他的借口，他已经明确拒绝你了！假如你还认为客户真的需要时间来思索的话，那么，你就太天真了。

当然，这是一种很棘手的情况，因为客户会说出这句话，多半是在销售员已经做相当程度的说明后，就算勉强再运用其他语言处理，效果也不会很好。

即使客户先前一直表示赞同，但是面临重要关头却又退缩时，重提此事只会增加客户的厌恶。所以，必须改变一下方式，从另一个角度去引出客户真正的想法。例如说"您是很想买，但是缴费负担太重"，若能让客户说出真心话，就有希望进一步促成交易。

所以，销售员要懂得根据电话营销中客户的态度调整自己的心态以及销售策略，要明白，即便被拒绝，也没什么大不了，因为被拒绝对于销售员来说，是再正常不过的事，不能恐惧被拒绝，要坚强地面对客户的拒绝，引导客户说出真心话。

在电话销售的过程中，掌握一定的语言技巧，在与客户交谈时能够控制整体局面，带动整个谈话的方向，这是优秀销售员必备的素质。

电话营销中的幽默能化解尴尬

在电话营销的过程中，作为销售员，我们都希望能为交谈营造出一个良好的氛围，但事实上，这只是我们的美好愿望，很多时候，由于客户对销售员的本能性警惕，他们多半会拒绝，于是，销售就陷入了尴尬场景。此时，就是考验销售员应变能力的时候，如果我们能实时地幽默一番，那么，不仅能化解尴尬，还能让客户对我们留下良好印象。

对不甚理想的沟通环境，销售员可以通过自己的语言或行为引导客户把注意力从对沟通环境的不满转移到销售活动当中，即用自己营造的良好氛围来减少客户对环境当中不利因素的关注。

那么，电话销售过程中，我们该如何通过轻松幽默来调节谈话氛围呢？

1. 弱化你的推销动机

无论什么形式的推销，客户一般都是心存芥蒂甚至是排斥的，因为大多数人对自己的利益都有本能的保护意识，或者不愿意被打扰，所以，推销伊始，你的推销痕迹不能太明显。

销售大师们推荐，最高境界的推销，就是让客户在不知不觉的情况下接纳你的产品，并且，意识不到你们之间处于利益关系中。

2. 言语热忱，制造轻松的谈话氛围

要想营造良好的通话氛围，热忱是前提，电话推销本就不同于当面推销，如果我们连最基本的热忱都没有，那么客户也不会对这样的通话产生任何兴趣的。充满热忱的态度与话语还可以让对方充分感受到你的自信以及你对其的重视和关注。客户在做出购买决定之前都希望能从销售员那里获得自信与关爱，而热忱的态度与话语恰恰能帮助销售员将这些有效地传递给客户。

总之，电话销售过程中，轻松幽默的语言能使局促、尴尬的推销场面，逐渐变得轻松和谐，使客户不再拘谨不安，从而

拉近与我们的关系，这样就容易在交谈中打开突破口。

别在电话里就让客户说出"太贵了"

营销过程中，电话确实能起到不少的辅助作用，其中就包括预约客户。也只有成功约到客户，才有可能销售成功。而我们发现，有时销售还未开始，客户就已经十分关心产品的价格问题，在客户提及此事时，无论如何我们都不能让客户在电话里就说出"太贵了"这三个字，否则整个销售活动会因客户对价格的不满而导致失败。

1. 掌握报价原则，留有一定的商讨空间

做生意的目的是赚钱，销售中自然就要讨价还价了，报价也就不可避免。在很多行业中，价格是公司明确制定的，给予销售员的权限也是一定的。那么，在电话约谈客户时，当客户问到价格，销售员该怎样从市场的定位来报价呢？

（1）学会用"公司规定"这几个字，把责任划分出去。

这样说，就是在告诉客户：我的权限只有那么大，很多事做不了主。这样才会尽可能地避免利润损失的风险。

（2）让客户尝尝"有限"的甜头。

目前，很多企业为了吸引顾客，都会举行促销或者免费领取的活动，但客户也很聪明，他们会有这样的心理：价格低甚至免费的产品,在质量和功能上肯定会有缺陷。对此,销售员在电话预约的时候,一定要学会抓住客户的这一心理,不妨对这种甜头进行一定的限制,一定要说明或塑造产品的价值,别让客户认为你的服务价值为零。例如,你可以向客户说明,虽然是大减价,但是是限量提供或限制使用名额的,或者要告诉客户有免费的和收费的两种版本,免费的是仅供体验,通过体验让客户先了解到产品价值,再根据客户的使用频率询问其是否愿意为继续使用而付费。

2. 报价时要预留一定的空间

一般销售员在电话中报价的时候,要注意的有如下几点。

(1)报价的时候要给自己留一定的空间,别自断后路。

(2)多提产品的价值与服务,以此来转移客户的注意力。

销售员在报价时,一定要机动灵活,要根据具体的销售情况而定,如果客户是批量购买,可以在允许的范围内,给客户一些价格上的诱惑。而对于那些预算有限或者不想买价格高的产品的客户,你不妨先重点推荐一款有价格优势的产品,特别是正在做活动的产品,其价格比较有诱惑力,满足客户的通常性需求,先让他对我们信任起来。

但销售员一定要注意,这些价格范围需要仔细考虑,一般要比公司规定的统一报价低,比公司规定的底线要高,而且要摸清楚竞争对手的报价,最好与其相当。这样客户觉得你们企业对其有诚意,当然价格也合理,合理的利润才是保证优质服务的前提，不可盲目报低价。

（3）不要让客户多次还价。

首先，在降价次数上，不要超过两次，不然，客户会以为你本来的报价有问题，尤其是那些对产品本身价格不了解的客户，会以为自己被骗，强行要求降价。你不妨告诉客户："我们注重的是产品的售后服务，这价格已经是最低的了。"客户自会理解。

其次，增加产品的附加值。增加产品附加值的方法有很多，如给客户送一些小礼物，因为人都有爱占便宜的心理，同时，也能让客户感觉到这已经是底线了，你是在帮他争取最后的利益，晓之以情，客户也就能体谅了。

在电话里就捕捉到客户额外的需求

我们都知道，销售员的工作目的是推销产品，是提升业绩，销售员千万不能为了销售而销售。有时候，我们小小的付出，就能拉近和客户的关系，让客户成为自己人。在电话预约客户的过程中，也是这样，我们要善于听出客户额外的需求，给客户小小的满足，给客户留下好印象，客户自然愿意约见你。

的确，在电话预约客户的过程中，聪明的销售员要善于捕捉客户额外的需求,如客户的家人、朋友的需求,生活上的需求等。在销售过程中,作为销售员,一定要记住一个道理,只有付出才有回报。可能有些销售员会以为,销售的根本目的就是达成交易,没有结果的付出是愚蠢的,其实不然,很多结果孕育在付出中。尤其在电话预约客户的过程中,要学会从细小的希望中看见结果,并不断地付出,善于听出客户额外的需求并尽量满足,你就可能打动客户,从而能成功预约。看下面的销售案例。

小吴是一家休闲娱乐会所的业务部经理,一次,他通过资料收集找到一位准客户,希望对方能购买会所的会员卡。于是,他拨通了客户的电话。

小吴:"您好!是陈先生吗?"

客户:"是我,你是谁?干吗的?"从客户的声音中,小李明显感到客户正生着气,应该是遇到了什么急事。

于是,小吴语气温柔并加快语速问道:"您先别管我是谁,我就想问下您现在是不是遇到了什么难题呢?"

客户:"是啊,不然我能这么急,我现在急需要一张去上海的机票,但各大航空公司网站的票已经卖完了,如果今天我去不成上海,明早8点的会议我就参加不了,将会损失惨重。"电话那头的客户都快急疯了。

小吴立即斩钉截铁地说道:"您是需要一张今天去上海的

机票是吗？如果是这样的话，我应该能帮到您。"

客户："真的？你怎么帮我呢？"客户很惊奇。

小吴："您先别急，听我说完。我有个很好的朋友在航空公司，我打个电话就行了。请先把您要预订的航班号以及您的名字和身份证号码报给我。"客户一听小吴这么专业，内心顿时燃起了一线希望："好！我的名字是……"

还不到一刻钟的功夫，小吴就打电话给客户说他订到了去上海的机票，帮助客户挽回了一个大损失。客户回来后立即请小吴吃饭，也得知小吴当时打电话的目的，而客户正好是一位高尔夫爱好者，结果如小吴所愿。

从这一销售案例中，我们可以看出销售中付出与回报的关系，作为销售员，要有不计较得失的胆气，正所谓："当你不计较得失与回报时，你离成功就不远了。"在预约客户的时候，要善于听出客户的额外需求，这样你做的任何事情都不是无用功！

谨慎言辞，电话里有些话是禁忌

销售就是靠嘴吃饭的行业，不少销售员业绩不佳，不是因为他们不够努力，而是因为没有把话说到点子上，业绩好的销售员，很多时候就是因为他们把话说到了客户心里。同样，电话销售也是如此，连接客户与销售员的只是一根电话线，如何让客户开心购物考验的就是销售员的口才。但销售员在表现自己的口才时，千万要记住，不能口无遮拦，不该说的别说，因为一旦触及客户的禁区，就意味着你的电话预约乃至整个销售任务的失败。

佳佳是汽车公司的职员，他本不是销售部的人，但最近公司业务繁忙，赶鸭子上架，他被公司安排到汽车销售一线，成为一名汽车销售员。

有一次，主管给他派发一个任务，让他打电话联系一位潜在客户，这位客户有一辆旧车，应该准备换车了。

佳佳很快拨通了客户的电话，可是还没等他开口，客户就说："我这手上还有一辆旧车呢，真不知道怎么处理，要不，你帮我卖了吧。"

佳佳一直在做文职，这类问题还真没处理过，他想：这不过是一辆破车，估计车一发动就哼哼作响，车内气味也很难闻？哪儿能卖得出去啊，要不问一下这车是什么时候买的，多少年了吧。

这是佳佳的真实想法，但他没那么笨，这样直接贬低陪同客户走过风雨人生的车，客户会怎么想？客户又怎么可能会买新车呢？想了一下，佳佳对那位客户说："不管怎么样，这车都陪您那么多年了，就如同您的老朋友一样，您何必把自己的老朋友卖了呢，如果它的性能已经有些问题了，你可以再买一辆车，权当是它的接班人吧。"

客户一听，这小伙子太会说话了，一高兴，就要了佳佳的手机号，并称后续购车问题都会找佳佳咨询。

很多时候，电话预约是销售的前期工作，这一时期，销售员只有与客户愉快沟通，成功约到客户，才有可能完成销售任务。销售员佳佳的聪明之处，就是从客户的角度去想问题，把不该说的话咽了回去。

实话不实说并不是要销售员欺骗客户，它只限于销售商品以外的东西，对于产品的优缺点销售员必须实话实说。

销售员要记住，电话预约客户的时候，有以下几种话是不能说的。

1. 有攻击意味的激烈言辞

电话预约客户，客户完全是从销售员的声音和语气中判断销售员的态度，如果沟通愉快，才有正式见面的可能。一些销售员在拨打电话以前，因为自身情绪的问题，语言犀利，那么此时，客户就成了他的语言攻击对象，以至于客户觉得受辱而导致整个销售活动的失败。所以，销售员始终要记住，无论如何，客户就是上帝，尊重客户是一切销售活动的前提。

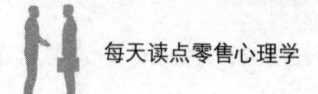

2. 个人隐私性问题

某些销售员认为,要想和客户搞好关系,就要走进客户的生活,于是,一开口就谈一些隐私话题。其实,每个人都有不希望被人知道的部分,如果揪着客户的隐私不放,势必会让客户反感,而且,销售员始终不要忘记预约客户才是我们的初衷,不可本末倒置。

3. 粗鄙的语言

作为客户,都希望与那些涵养好的销售员打交道,对于那些满口脏话的人则是避之而不及。所以,销售员说话时一定要避开那些粗鄙的语言,要知道,你的形象是和产品挂钩的。

在电话预约客户中有很多禁忌问题,一旦触犯这些禁忌,你失败的可能性将大大增加。而这正是许多销售员的通病,尤其是刚从事销售这一行的新人,有时讲话不经过大脑,脱口而出伤了客户,自己还不知道。虽然销售员是无心地问了一些问题,但客户听起来,感觉就不太舒服了。人人都喜欢听好话,人人都希望得到别人的肯定,有一句话是这样说的:"赞美与鼓励让白痴变天才,批评与抱怨让天才变白痴。"销售员每天都要与人打交道,更应注意这方面的问题。

妙用激将法让客户在电话中就答应约见事宜

电话预约客户的难度是很多销售员都了解的,要知道,对于很多电话预约来说,让客户完整听完产品介绍都是一件难事,更别说答应约见了,即使对方有购买需求,也会隐藏,习惯性地拒绝销售员。那么,此时该如何是好呢?经验丰富的销售员给出建议,此时可以利用激将法让客户"就犯"。

小吴是一家打印机销售公司的销售员,他在工作中遇到个难题,他要将一批新的打印机推销给一个老顽固客户。

小吴多次和他电话联系,每次联系小吴都针对那台老旧的打印机大做文章,试图促使对方尽快购买,但是每次都无济于事。又一次,小吴想出了一个招儿,他决定刺激一下客户的傲气,冲破客户的固有思维。

在拨通电话后,小吴感慨道:"我上次去过贵公司,看见了你那T型福特,T型的啊!"他的声音不大不小,清清楚楚地传到了对方的耳朵里。

"T型是什么意思?"客户有点尴尬。

"没什么,T型福特是曾经一款非常流行的汽车,但是现在它只是一个怪物。"小吴说。

客户很尴尬,之后,在同小吴的交谈当中他一度陷入沉

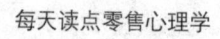

思,他也感到自己敷衍小吴好长一段时间了,最后,他主动提出要在周末和小吴谈谈,让小吴把打印机的资料带上。

和案例中的小吴一样,很多销售员都遇到过类似情况,有些客户,任你软磨硬泡,多次打电话,他表面上虽说答应见面,但总是找理由推脱,迟迟不愿付诸行动。销售员小吴是聪明的,他巧施激将法,在电话中就轻松搞定了客户。在电话预约客户时,销售员可和小吴一样,当常规方法劝说客户面谈失败时,不妨用激将法,给客户施加一定的压力,让客户尽快做出决定,把口头上的承诺变成实际行动。但使用这一方法的前提是,销售员必须对客户有一定的了解,如他的购买状况和需求等。

那么,什么是激将法呢?

激将法是相对于常规的劝说方法而言的,它是一种通过抓住客户害怕失去,刺激客户心理失衡的方法。销售员要让客户明白,错过这次见面机会,他将会有一定的损失,一般情况下,权衡之后的客户都会被打动,从而答应面谈。

这一方法一般适用于那些迟迟不愿面谈,口头答应却敷衍了事的客户,销售员不能被动地等待客户的消息,应该主动出击,一举将客户拿下,保证预约工作的顺利进行,为接下来的销售工作打好基础。那么,销售员在电话预约客户的过程中,该怎么样用激将法使得客户言而有信,成功面谈并达成交易呢？激将法传递的是以下两种信息。

1. 既得利益受到威胁

当今社会，无论哪个行业，竞争日益激烈，谁都想在竞争中始终处于佼佼者的地位，谁也都担忧自己的优势地位被取代，聪明的销售员不妨就利用客户的这一心理，在电话预约客户的时候，你可以分析给客户听并刺激他们，他们的既得利益会受到威胁，这种威胁不可不防，而这种威胁只有你能帮他们预防。这样客户就会接受你，答应同你面谈，并最终顺利成交。当然，这些只是企业或者个人的利益受到威胁，销售员还可以从一些附加值利益，如企业形象上刺激客户。但在刺激客户之前，销售员一定要清楚地了解客户的相关情况，否则很容易因为涉入不精而陷入僵局。

2. 产生损失

大概没有人会看到自己的利益受到损失而无动于衷，抓住客户这一心理，我们只需要进行语言暗示，客户就会在内心权衡，他们宁愿不获取某种利益也不愿失去现有利益，这样他们便会因为担心而采纳销售员的意见，以摆脱内心的不安和忧虑。

总之，销售员在运用激将法的过程中，要审时度势，不可盲目。当客户拒绝和我们沟通、试图挂电话的时候，我们应该满怀信心地提醒客户："如果您不了解这些信息，您将面临巨大的问题或损失""如果您不接受我的意见，您将落后于您的竞争对手"。这样刺激客户，就会激起客户强烈的好奇心和兴趣，从而主动了解我们的业务和产品。

讲究礼仪，把挂电话的主动权交给客户

现代社会，作为一名推销员，都知道礼仪在与客户交往过程中的重要性，客户会通过我们的言行举止对我们进行评价，进而得出结论，最终决定是否与我们合作。对于电话营销，一些销售员认为，电话沟通不需要与客户面对面交流，相对轻松很多，其实不然，无论在任何时候都要讲究必要的礼仪。这是因为，你的专业能力和素质乃至产品给客户的印象如何，都是通过电话传达的，你在电话中的声音、措辞等不仅仅代表的是你自己的形象和身份，而且代表了整个公司的形象。如果你不够礼貌，不够专业，那么，无论是公司还是销售员自己，在客户心中的印象都会大打折扣；相反，如果在客户打电话给销售员的时候，当销售员能够礼貌、专业地为客户解答疑难问题，并主动热情而适度合理地与客户建立友好的合作关系时，客户定然会对你及你的公司产生良好印象，并愿意继续与你展开进一步的沟通。

通常来说，与客户电话沟通中，挂电话往往是成功之前的"临门一脚"，我们要把挂电话的主动权交给客户，进而让客

户产生良好印象。

销售员丁峰和很多上班族一样忙碌,他大部分的时间都在公交和地铁上,除了上下班外,还要拜访客户。

然而,今天早上,他起床晚了,他急赶慢赶上了公交车,还没站稳,他口袋里的手机就响了,一脸不高兴的丁峰过了好长一段时间才接电话,他听到电话那头传来:"您好,请问是××公司的丁××吗?我是××的经理××,是这样的,上次在展销会上你给我留了一份资料和名片,最近我需要购进一批新的生产设备,我今天打电话的目的就是想问问你们公司都有哪些机型?另外,我还想顺便问一下……"

听到是客户的电话,丁峰赶紧说:"哦,是这样的啊,我有您的邮箱,我现在还没到公司,一会儿我给您发过去吧,怎么样?"

虽然丁峰已经表明自己正在忙碌,但客户听完以后觉得十分不舒服,就简单回了句:"好吧。"听到客户这样一说,丁峰赶紧说:"好的,再见。"就挂了电话。

到了公司之后,丁峰赶紧把资料发过去,但是过了好几天对方都没回应,他随后便再次拨通了对方的电话,没想到客户这样回答:"哦,我上回想问你的事已经有另外一个厂家的销售员帮我解释清楚了,我已经打算从他们那里购买设备了,我现在也很忙,再见!"紧接着,丁峰就听到了对方挂

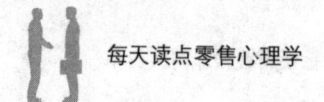

机的声音。

……

我们从上面的案例中可以发现，刚开始，这位客户是对丁峰公司的产品有很大需求的，从客户主动打电话问询就知道，但丁峰却亲手断送了这笔生意，因为他在一个细节的地方没做到位——他主动挂断了客户的电话。虽然他确实很忙，但对于销售员来说，任何事情都没有与客户进行交易重要，而挂断客户的电话会让客户感觉不被重视，也就不愿意再与你做生意。

事实上，作为一名电话营销人员，无论在任何时候都要讲究必要的礼仪，其中就包括把挂电话的主动权交给客户，这会让客户对你留下好印象。

当然，除了这一点外，还有一些需要电话销售员注意的挂电话时的事项，我们可以概括为以下几点。

1. 等客户结束话题，别急于挂电话

有一些销售员在与客户进行电话沟通时，总是显得很焦躁，一旦结束谈话，就认为终于轻松了，其实这是销售中的大忌。当客户还没说完时，他们就急于挂断电话，殊不知，这样往往会打断客户的思路，或者没有给客户表达自己想法的机会。这样一方面可能会让客户的自尊受到伤害；另一方面，销售员因为打断客户谈话，而遗漏掉重要的销售信息，这对于最后成交是很不利的。

例如，一名销售员在向客户介绍产品时，客户说："我有一个问题，我听朋友说……"这位销售员立刻打断客户的话说："我知道了，你的意思是说我们产品的价格比市面上同类产品的价格高，我告诉你……"客户很奇怪："不是的，我的意思是想问下怎么付款。怎么了？你们的产品价格比较高吗？"

因此，销售员在与客户通话过程中，不要打断客户，更不要假设自己很了解客户。

2. 不忘说感谢和赞美客户的语言

客户会因为你的赞美和感谢而心情愉悦，愿意与你继续展开进一步的交流。例如，销售员可以在结束电话时这样说：

"真的很感谢您打电话问我这些，您给了我一次认识您的好机会，再次感谢您打电话给我……"

"您真是个幽默风趣的人，和您说话，我整个人都开心了许多，也希望您每天都能保持好心情！"

3. 轻放电话

交谈完毕以后，在你还没有将电话放下之前，不要与旁边的人交谈，这是对客户最起码的尊敬。

另外，在结束电话的时候，销售员还要特别注意一点，那就是，一定要询问客户是否还有其他问题，或者主动询问客户还有哪些需要与要求等，如：

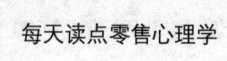

"很高兴咱们今天能聊这么多,不知道还有哪些事情我可以帮得上忙?"

"我刚才一下子说这么多,不知道您清楚没,请问您还有什么想了解的吗?"

如果销售员在挂电话前能注意以上几点,就一定能展示出自己的专业风范,并获得客户的认可!

第6章

激发客户的购买欲望：把握客户真实的内心诉求

我们在销售过程中经常会遇到这样一些让我们很头疼的情况：客户明明有购买需求，前期工作也基本成功，但就是在临门一脚时，客户却退却了，始终不肯下购买决定。此时，一些销售经验不足的销售员会手足无措，有的不得不放弃推销，实际上，客户之所以犹豫不决，是因为内心还有顾虑，不能百分百信任产品等。销售员如果能把握客户真实的内心诉求，激发客户的购买欲望，向客户展示有利于他的方面，从而弱化客户的疑虑点，就能给客户吃一颗定心丸，进而达成销售目的。

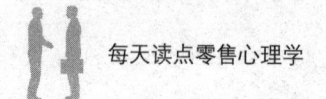

嫌货才是买货人

销售员在向客户推销产品的过程中,没有谁不曾被客户拒绝过,这也是再正常不过的现象,客户拒绝我们的借口有很多种,其中不乏那些嫌弃产品的,其实,"嫌货才是买货人",对产品或者价格有异议的才是我们的准客户。但在销售前,我们要揣测客户可能产生的异议,以及产生这种异议的原因。这样在整个谈判过程中,我们就能有意识地消除这些异议。

刘先生在自己的小区里卖菜有十几年了,生意一直很好,就连周围几个小区的住户,也都只买刘先生家的蔬菜,其中重要的原因就是刘先生懂得客户心理、善于经营。

例如,早上一开门,刘先生第一件做的事就是将蔬菜分成两部分售卖,把那些外观漂亮的蔬菜捡出来,单独放在一边,价格定得高一些,而那些外表上稍微差一点的同类蔬菜则定价较低。

一天,他遇到这样一位难缠的顾客。"你的菜也不怎么样啊,1斤也是1块钱吗?"这个顾客拿起一个番茄仔细端详起来,还敲了敲,看看到底怎么样。

"呵呵,您放心,我这儿的蔬菜不能说是最好的,但也是这一片比较好的。您不信,可以和别家的比较比较。"刘先生满脸堆笑，不紧不慢地说。顾客说："太贵了，8毛卖不卖？"

刘先生还是笑眯眯的："先生，我要是1斤卖你8毛钱的话，那一直在我这儿买菜的老客户怎么想呢，之前买的那些人岂不是买亏了，而且，我这已经是最低价了，周边几个蔬菜店卖得都贵些，您也可以去问问。"

不管顾客说什么，刘先生一直保持着微笑，虽然顾客一直认为价格太贵，但最后还是被刘先生的态度折服了，以1斤1元买了好几斤。

客人走后，刘先生感叹："嫌货才是买货人啊。"

案例中刘先生的话很有道理，"嫌货才是买货人啊"。无论如何，我们都要保持良好的态度。因为真诚地对待客户，从客户的角度出发，才能更好地弄清楚客户异议的问题所在，合理地帮助客户解决问题，就会获得客户的认同，促成交易。

客户产生异议，原因可能有很多，对于客户的异议，不少销售员感到束手无策，只好放弃推销。其实，能否用正确的技巧回应客户的异议，正体现了一个销售员的销售水平。常见的异议有以下两种，我们可以根据不同的情境，用不同的方式回应我们的客户。

1. 客户总是拿你的产品与竞争对手比较，并否认你的产品

案例中的刘先生遇到的就是这样的情况，此时，一些销售新手会不知所措，一些销售员会放弃说服工作，其实大可不必

这样，应该向客户核实事实，采取相应的对策解决这一误会，你可以这样回道：

"是吗？那很好呀，朋友的产品毕竟更值得信任，你们一定是很好的朋友吧！"（稍微停顿一下）

对于这样的问题，可能一些精于言辞的客户会从容作答，但大部分客户估计会这样说："哦！大概是这样子的吧！好多年了！"或说："怎么说呢？还好吧！"或说："这个跟你没啥关系吧！"

这样，从他的回答中，我们就能看出来他说的是借口还是托词了，此刻，我们可以说："这个请您做参考好吗？"我们可以拿出产品资料，并进行劝说，如果客户一点购买的意向都没有的话，我们就要退而求其次，准备长期投资，而不要拘泥于一时。

2. 客户很满意当前的供应商，并没有打算替换

当客户说"目前我们的供应商的工作就已经很好了"时，可能有些销售员会认为，既然如此就算了吧，其实，他们没有看到这句话背后所隐藏的销售契机，虽然客户对目前的供货商已经很满意，但这并不代表客户承认其目前的供应商服务是最好的，或者产品质量是最好的。此时，如果你能引导客户继续说下去的话，是能找到突破口的，如你可以给客户先派送样品或尝试性的订单，向客户展示能证明你的产品的价值的东西。当然，这还要视具体情况而定。

（1）具体问题具体分析。任何问题的出现都不是没有理由的，客户满意现在的供应商，则说明一个问题：客户与这一供应商的合作是比较满意的，要么是产品质量过关，要么是服务到位，而这也是客户拒绝我们的原因。找出这一问题，我们也就能逐步解决这一难题了。

（2）销售员在了解这些原因之后就应该采取以下步骤。

①获得第一手资料，仔细分析客户现在的供应商情况。

②激将劝导："董事长，身为一名企业家，您应该积极寻找能给公司带来最高利益的方法。"

③专业性的建议："周总，现代社会，无处不存在竞争，竞争能保证我们得到最好的收益，同样，即便您很满意现在的供应商，但我们还需要有另外一家供应商当作参考，以确保自己真正得到最好的价格、最好的商品与价值。"

④询问客户选择的原因："您用什么标准来衡量您的供应商？"

（3）想方设法让客户愿意了解你的产品优势。

（4）强调产品能给对方带来的利益。

客户做任何购买决定，前提都是希望能带来利益，只要销售员懂得在这个方面多下功夫，客户一般都会产生了解欲望。

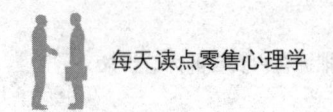

让客户看到产品的销售量和畅销程度

一场销售活动的成功,前提是需要销售员激发客户的购买欲望,让客户动心,如果客户对产品完全没有兴趣,又怎么会愿意购买?而现实销售中,有时候,我们使出浑身解数,不断陈述产品的优点,但客户就是不吃这一套,这时,如果我们摒弃传统的推销方式,拿出产品畅销的证据,用事实说话,是能激发出客户的购买欲的,自然就会加快客户购买的脚步。

小杰是一家油烟机公司的销售员。

一天,他来到某小区,准备向准客户曾先生推销自己的产品。简单介绍后,客户的回答很让人失望。

"你们公司的产品我没听说过,我可不敢相信,这种天天用的东西,万一出事,怎么办,后悔都来不及。"

"先生,您多虑了,如果我们公司的产品真的出过事,现在我就不可能站在这里向您推销了,早就被查封了,其实,一个产品的质量怎么样,最直接的证明就是销售量。"

"这倒也是,不过口说无凭,我还是不敢相信你。"

"先生,您看,这是我们公司上半年的销售情况表……"说着,小杰便把一本销售目录拿出来给客户看。

这位客户一看,果然这个年轻人推销的油烟机在他所在的小区有着很大的市场。为了确定小杰的推销目录的正确性,他

第6章　激发客户的购买欲望：把握客户真实的内心诉求

还拨通了这些邻居的电话，证明了小杰所说属实。后来，客户二话不说，当即决定购买。

案例中，销售员小杰之所以能打消客户对产品质量的顾虑，就是因为小杰拿出了产品质量的最有力证据——销售目录表，其他客户的购买事实就是产品质量最好的证明。

研究表明，虽然客户能找出千万个借口来拒绝销售员的推介，但最为根本的原因是习惯使然，客户总是对产品提出异议，并不是因为他们真的对产品不满，而是人们与生俱来的防备心理导致的。其实，这更表明客户对产品感兴趣，此时，只要我们主动采取点措施，如让客户看到产品的畅销度，就能让客户产生购买欲望，就能改变客户的态度，让客户信任我们。

对此，我们可以从以下几个方面开展销售工作。

1. 表明产品的畅销度

生活中，人们都有一种从众心理，尤其是在购物中，跟风购买能让自己规避很多心理上的风险。

对此，销售员要想成功推销，就要利用客户的这一心理，尤其对于那些追求流行的客户，这一招经常可以起到作用。例如，你可以拿出产品的销售情况表，告诉客户："您看，这是我们这个月的销售情况和客户反馈意见表……"这是产品畅销度最好的证明方法，客户自然会打消心中疑虑，购买产品的欲望也就更强烈。

125

2. 举出具体的事实案例

对产品质量的最有效证明无非就是销售实例，比起抽象的产品质量报告，具体真实的事例显得更加形象生动。如果销售员告诉客户："我们是省运动会连续10年的官方合作伙伴，这是我们的合作标识。"那么客户不仅欣然接受，也会深信不疑。

另外，销售员给客户所举的案例一定要真实，否则就是搬起石头砸自己的脚。

3. 让客户看到其他客户对产品的反馈情况

在购买心理上，客户都有害怕吃亏的心理，只有当周围的人已经购买并反映良好时，他们的这种危机意识才会有所消减，这就是人们所说的从众心理。这也就是为什么顾客对产品的反馈情况常常被作为一种证明产品信誉、口碑、质量的事实依据。

可见，其他客户对产品的反馈和评价，对产品本身来讲非常重要。所以，在你向此类顾客介绍产品时，你务必要向他出示其他顾客对产品的反馈和评价，并且，反馈的内容越细越好，最好细化到职业、年纪、使用后的良好感受等，这些不仅可以从侧面表现出产品的畅销情况，同时也间接说明了产品的适用面，可以说是一种很有效的产品介绍方式。

4. 运用权威效应，为产品打广告

客户对于那些经过权威认证的产品或者名人、名企介绍的产品会更加信任，这一心理来源于心理学上的"权威效应"。为此，我们在推销时可以借用专家的研究或分析结果，也可以借用知名人物或企业的合作来强调产品的"品牌"。这种事例资料浅显易懂、真实可信，十分具有说服力。例如，"某某明星在微博上一直推荐的就是我们家的产品，她亲测过，效果非常棒"。在说明的同时，用一些图片或是资料进行辅助证明，就能发挥出最好的效果。

可见，客户对产品提不起兴趣，并不是客户不需要，很多时候，是我们没有激发起客户购买的欲望。此时，如果我们能为其摆出一些事实例证，那么，就可以激发客户对产品的信任度，从而让其放心购买！

对比法让客户看到产品的优势

当今社会，无论哪一领域，市场都在逐步扩大，竞争之激烈也随之而来，尤其是在销售市场，精明的客户绝对会"货比三家"，他们希望从中找到能为他们提供物美价廉产品的合作公司，许多时候我们稍不留神，就有可能被竞争对手"截胡"，我们辛苦的前期付出就可能付诸东流。我们要想留住客户，就必须学会激发客户的购买欲望，其中一个有效的方法便是善用对比，将我们的产品与竞争对手的产品进行全面对比,这样,孰优孰劣也就再明白不过了,客户也会心甘情愿地购买。

这里,我们可以运用的对比方法有很多,如横向对比、纵向对比、同类产品对比、不同类产品对比等。我们对比的目的是让客户看到产品优于其他家的部分,如价格或者价值。在介绍产品时,我们要将这种优势告知客户,我们可以向客户对比不同种类产品的优势,也可以将竞争对手的产品与自己的产品进行对比。这两种是最常见的对比方式。通过对比让客户找到最满意、最适合的产品,从而加深客户的购买欲。总的来说,有以下几种对比法。

1. 价格对比法

这种对比方法最直接的效果就是能让客户打消"产品贵"的疑虑。

价格对比法是指销售员用所推销的产品与同类产品进行比较,用较高的同类产品价格与所谈的产品价格做对比,从而让客户明显感觉所推销产品便宜的方法。但运用这一策略时,销售员手中至少要掌握一种较高价格的同类产品,当然,掌握得越多越好,这样,才更有可比性。

销售员在做价格对比的时候,最重要的还是要把握客户的心理,"对比出效益",让客户在内心自己多做对比,而不是一味地说。另外,我们要对自己的产品充满信心,即使被客户批评,也不要生气,这也体现了一个销售员的修养问题。然而，很多销售员在介绍产品时，一听到客户抱怨产品，就按耐不住心中的怒火，有的甚至和客户理论起来，这是断不可行的。

2. 价值对比法

下面是一位销售员针对产品价值做对比的谈话。

客户："听你这么一说，我觉得你们的产品应该是没问题，但还是担心质量，因此，我觉得有些贵。"

销售员："这个您完全可以放心，我们的产品都是经过国家质检部门检验合格的，所有的设备合格率都在98%以上，而且这个型号的设备质量比其他的都好，它的合格率达到了99.5%，其他公司的产品合格率才92%。"

客户："是吗？"

销售员："是的，您看，这是产品相关的质量合格证、质检部门的检测报告……"

客户："是这样啊。"

销售员："目前这款设备已经在全国20多个城市销售了100多万台，重要的是直到现在我们都没有接到任何关于这款设备的退货要求。所以，您大可放心。"

总之，只要价格合理，只要我们巧用对比，让客户感觉到物有所值，客户一定会购买。

为客户制造产品短缺的假象

我们都知道，物以稀为贵，这是最简单不过的道理，对于那些稀缺或者即将失去的产品，人们更有迫切购买的愿望。针对人们的这一心理，在现实的商业活动中，很多商家会抓住这一商机，经常通过宣传来表现商品的稀缺："最后三天""只有两个库存""暂无商品，添加至期望清单""此商品还剩多少时间售完"等，看到这些标语，人们更是增加了紧张感。所以，作为销售员，我们在激发客户购买欲望的时候，也可以制造出一种产品短缺的假象，以此来加快客户购买的脚步。

某商场顾客云集，因为商场这几天在做活动，在商场入口处，挂着"最后一天，全场五折"的标语。

一位年轻的女士也来逛街购物，她看到之前很想买的那条裙子还在，而且价格是五折，虽然很心动，但她还是觉得贵，导购小姐看出了这位女士的心思，说："女士，今天是降价的最后一天了，而且您看上的这条裙子也是我们专柜的最后一件，如果您今天不买的话，以后是会恢复原价的，那时候再买就不划算了。"

这时，刚好过来另外一位女士，伸手去摸那条裙子的质量，先前那位美丽的女士立马取下裙子说："给我包起来。"

这位女士之所以买下本来犹豫的裙子，就是因为害怕失去仅此一件的商品，而导购小姐也正是利用了顾客的这一心理。这给销售员一个启示，抓住客户害怕失去的心理，有时候就能说服客户购买。

有一家超市，它的打折方式很耐人寻味：第一天打9折，第二天打8折，第三天打7折……依此类推。

顾客如果想在打折期间购买自己喜欢的产品，就可以在这一期间的任何一天过去。如果你想以最低的价格买，就可以在打1折的时候去。但是，你要买的东西并不能保证会留到最后一天。

所以，很多时候，顾客并不会在最后一天才去。

这种促销的方法也是抓住了客户害怕失去的心理，首先，大家会观望，不会在第一天或者第二天就去急着买东西，但在第三天，就是打7折的时候，不少人害怕自己想买的东西被别人买光，就忍不住了，在第4天就会出现抢购的热潮。

可见，害怕失去是人们共同的心理，只要我们抓住这点，为客户制造出他即将失去产品的假象，就能让客户立即购买。为此，我们可以从以下4个方面努力。

1. 表现商品的稀缺性

在美国的唐人街，有一家腊味店，生意很好，但这家店的销售策略很令人不解，就是每天限量生产，卖完之后就不再销售了，哪怕顾客强烈要求做一些，也不做了。

当有顾客问老板为什么时，老板回答："店里人手不够，若是做多就保证不了质量。请您见谅。"

人都是这样，得不到的都是最好的，更显弥足珍贵。腊味店的老板其实并不是限量保质，只不过是利用了客户的这一心理。

2. 告诉客户其他人正在购买

跟风心理在消费者中尤为明显，谁都希望成为某件流行产品的拥有者，尤其是在一些他们不确定的事情上。因为这样，就能证明自己是睿智的，自己的选择是对的，这种心理现象被称为"社会证明"。

生活中，人们看到周围的人在疯狂购买某种产品的时候，会在无意识中认为该产品有值得买的地方，于是，他们挤破头也要购买。

针对人们的这种心理，当客户犹豫时，销售员可以告知客户，其他人正在购买，产品即将短缺，那么，客户很可能因为你的一句话而下了购买决心。

3. 为客户展现其他已经购买产品的客户的购买体验

这也就是我们常说的"用户评论"，用户评论会对人们的购买决策产生巨大的影响。通常被客户评论为"质量信得过，价格合理"的商品，其他顾客也会争相购买，因为他们会害怕在自己犹豫的时候，商品已经不翼而飞。

我们可以进行一些利益引诱，如赠送小礼品的方式，让我们的客户为我们填写愉快的购物记录，当然，这需要以产品质量真的过硬为前提，不可欺瞒消费者。

4. 安抚客户的焦虑情绪

适当地让客户紧张，但又要缓解客户的焦虑情绪。例如你可以说：“您放心，即便是我自己不要，也会给您留一件的，谁让您这么信得过我们的产品呢？"这样，不仅和客户建立了良好的关系，还卖出去了产品。

简单来说，说服客户购买，既要让客户感觉随时会失去这件商品，又要帮助他们信任你并消除他们的顾虑。

掌握应付不同消费群体的销售策略

销售过程中，那些业绩突出的销售员并不是没有遭遇过客户拒绝；相反，他们比其他人遭遇到了更多的拒绝。也正是因为如此，他们才屡败屡战，不断调整自我，不断总结经验，最终练就了出色的口才和销售策略，其中，就包括出色的信息分析能力、敏锐的观察能力以及灵活的反应能力，他们懂得看菜下碟，寻找到最佳的与客户沟通的方式。

销售员:"您好,打扰了,张总,我是之前来过您公司的××公司的销售员小王,您还记得吗?"

客户:"哦,记得,上次不就告诉你了吗?你们公司的产品有些小问题,我们无法采用,别打来了好吗?"

销售员:"不好意思,又给您添麻烦了。上次的产品我们卖得很好,可能是您误会了。不过,这次,我只是想给您提供一些能够帮助您节省30%的成本的资料,我们可以见一面吗?见一面不管能不能做成生意,但是,确实能帮到你!"

客户:"还是上次的产品吗?"

销售员:"不是,是另外一种,准确地说是我们的研发人员近一年的研发成果,价值所在。"

客户:哦,那具体是什么呢?

销售员:"电话里一时半会儿说不清楚,这样,我马上给您发一份资料,您先看看,您看怎样?"

客户:"行啊!"

这里,这位客户是个精明的商人,销售员在了解以后,便采用利益来诱惑客户,使得客户有继续听下去并且面谈的欲望。

在销售中,销售员要想激发客户的购买欲望,就要有机智的大脑,因为我们可能会遇到不同类型、不同性格的客户。如果不能正确了解各种类型客户的性格特点,就很难做到对症下

药。所以销售员在销售中研究客户的性格特点尤为重要。

下面介绍几种不同类型的客户以及相应的应对方法。

1. 活泼外向型客户

这类客户积极乐观、善于交际,对销售员比较友好,他们善于沟通、创造力强,为人干净利索,喜欢时尚新潮的产品,但是也冲动。所以,销售员可以先与之建立感情。

一般来说,活泼外向型客户希望对方也能报之以李,他们渴望对方的认可和肯定,总是希望成为别人关注的对象,形成自己的影响力。所以销售员在同这部分人打交道的时候,要注意以下几点。

(1)赞美法拉近关系。在交谈过程中,活泼外向型客户会时常提出自己的想法和建议,这时候,销售员不要与之争论,反而要学会赞扬对方。

(2)多谈产品的流行程度和新颖性。这类客户多半有求新、求异的心理,我们要向他们推荐那些比较新颖、特别的产品或服务,利用产品的新包装、新特点等,强调产品的个性化趋势来吸引客户。我们还可以以"新"来敲开对方的大门。

2. 研究型客户

一些客户在某些产品领域本身就是专业人士,甚至比销售员了解得还要多,很多销售员被这些客户一问就哑口无言了。例如,他们总是会问:"这种产品的技术缺陷解决了没有啊?""据我所知,利用这种机电所生产的产品都会存在一些

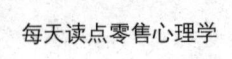

问题。"这就是研究型客户。这些问题,很多销售员都回答不上来。

面对研究型客户具有挑战性的提问,我们应该认真地审视自身的能力和技巧。其实,对于这样的客户,我们还省时省力,因为不必我们再费心介绍,但如果销售员自身能力不足,不仅不能获得客户的认可,而且会影响企业或公司的形象,所以销售员应该注意以下几点。

(1)在做销售工作时,一定要注意加强自身的专业素质,要对自己销售的产品有很深的了解和认识,这样才足以面对那些提问专业的客户。

(2)赞美客户的专业性,并一一解答问题,千万不能回避。对于一些局限性的问题要实事求是地加以说明。

3.吹毛求疵型客户

挑剔几乎是客户的通病,尤其是对产品熟悉的客户。在销售员准备推销的时候,很多吹毛求疵型的客户就开始滔滔不绝地抱怨了。有的客户常常会对我们的产品、公司甚至是销售员百般挑剔,一会儿不满意产品的质量、价格;一会儿嫌产品性能不好;一会儿又抱怨公司不够优秀、服务不够完善等。他们就是典型的吹毛求疵型客户,总是希望得到最好最完美的产品。

在同吹毛求疵型客户交流时,销售员应该注意以下问题。

(1)控制情绪,平静面对客户的挑剔。这类客户一般是愿意购买的，只是嘴上不饶人，只要顺着他就行，销售员千万不能批评或是责骂客户，先顺从客户的意见，然后婉转地指出客户的错误："您说得有道理，但是……"这种句式不仅能顺利表达销售员自身的想法，而且照顾到客户的情绪，非常有效。

（2）主动为客户找到购买的理由。客户会挑剔说明他有很多的异议，但主要的异议是什么，就要销售员具体问题具体分析了。洞悉背后的主要异议是打开客户心扉的关键。找到客户挑剔的原因以后，我们就应该针对客户的真实需求，主动为客户寻找购买的理由，一次次强化产品的优势，促成约访。

总之，销售中，我们只要找出对方的性格特点，对症下药、看人下菜才能有的放矢加快销售进程，达到销售目的。

第7章

到什么山唱什么歌，找到不同客户的心理"软肋"

作为销售员，我们要想提高业绩，就必须走出去向各类客户推销。其实，即使你已经是个经验丰富的销售高手，但还是会遇到各类难缠的客户：有些客户不言不语，无论我们说什么，似乎都与其无关，让人着实难以摸清；有些客户比销售员还专业，提出的问题让销售员哑口无言；有些客户似乎总是不愿相信销售员，总是问题不断……无疑，我们最终的目的是要将产品推销出去，但任何客户都有其心理软肋，这也是我们推销的突破点，只要我们对症下药、审时度势，巧妙地解答这些客户的疑问，就能顺利拿下客户，做成生意。

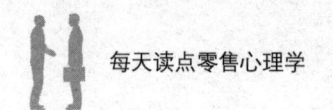

感性客户——用温情打动他

现代营销中,不少销售员发现销售越来越难了,因为我们的客户越来越理性,但其实,也有一些感性的客户,他们在购买产品的时候,更多考虑到的是感性因素。"动人心者,莫先乎情",与冷冰冰的销售言辞相比,热情、充满关爱的关怀有时更容易打动这些感性的客户。因此,作为销售员,对于这类客户,与其为他一五一十地分析产品的优势,不如用温情打动他。但要做到这一点,还需要销售员善于在推销工作中讨巧煽情。

阿珍是一名优秀的地产中介,很多客户从她手上买了房子后,依然与她保持联系,甚至成为朋友,并帮她介绍客户,她为什么能获得如此成功呢?

原来,阿珍在推销时并不只是在卖房子,还在交朋友,她总是能让客户感受到来自她的温暖,她真诚地帮助每一位顾客,帮助他们解决生活中的麻烦。例如,她会经常给自己的顾客打电话嘘寒问暖,定期到顾客家中拜访,询问他们房子的使用状况。如果出现什么问题,她会及时帮助顾客解决物业纠纷。

此外,只要是她的顾客,在乔迁新居时,她都会精心准备一份礼物，并引荐顾客加入小区的俱乐部，帮助他们融入全新的生活环境。

阿珍的热心，给客户留下了很深的印象，所以，大家都愿意帮助她提升业绩。

有人说："锦上添花比雪中送炭更可贵。"的确，人们在需要帮助时是很容易被感动的，案例中的地产中介阿珍就是用这样的方式感动了客户，当这些客户感受到阿珍的温情后，与阿珍的关系也由单纯的业务关系上升到朋友关系，自然也就愿意帮助她。可见，与人为善，用温情打动他人，不但能为你赢来好人缘，还能帮助你敲开客户的心灵。

销售中，针对那些感性的客户，你可以像如下这样推销。

1. 多站在客户角度考虑问题，真心关心客户的利益

销售员可以以朋友的立场来面对每一个客户，多站在客户角度想想，考虑一下客户的利益以及客户的想法，多倾听他们的想法。

2. 先做朋友，再谈生意

客户也是人，也会受情感的左右，尤其是那些感性的客户。所以，销售员在接近客户之初，不要急于谈生意，先与客户寻找共同感兴趣的话题，这样，在不做生意只谈朋友的前提之下，和客户取得心灵的共鸣，博得相互之间的认同。"先做朋友，后做生意"，既然是客户的朋友了，对于客户来说，跟

自己熟悉的朋友合作，自然要比跟陌生的人合作更加放心了。只要做成了朋友，那么你的单子自然很快就签下来了。

3.用行动来打动客户

用情感打动客户，还需要我们用具体行动来证明。例如，在客户最无助的时候及时出现、帮客户解决某些生活中的难题、为客户做些举手之劳的小事等，让客户真正感受到我们送去的温暖，客户自然愿意对我们打开心扉！

总之，尽管销售员和客户之间存在着利益关系，但是这种利益关系并不是赤裸裸的金钱交易，其中还包含着人与人之间的温暖和真情。对于那些感性的客户，销售员要多关心他们的生活，关注他们身边发生的事情，要学会在"关键时刻"送去你的问候，用情感温暖他们。这样无形之中就会渗透到客户的生活中去。

犹豫不决型客户——适度施压加快成交脚步

销售过程中，我们经常会遇到这样的客户，经过重重困难交涉，客户终于表现出对产品满意了，当我们拿出合同，正准备给客户时，客户却突然说："我再想想吧。"这句话犹如一盆冷水，浇灭了我们的热情。一些经验不足的销售员认为，这样还有什么可谈的呢？干脆放弃销售。也有一些销售员，太过

急功近利，听到客户这样说，为了挽回客户，他们死马当活马医地回应客户："还有什么可想的呢？真是磨叽。""不用商量了，这么超值的产品哪里还有啊？"而这两种回应方式，无疑都会赶走客户。

那么，具体来说，我们该如何帮助那些犹豫不决的客户做购买决定呢？

1. 表达同理心，认同顾客客户的合理性，先留住客户

如果我们能认同顾客的顾虑，表达同理心，会让顾客觉得你是在为他考虑，就能争取到顾客的心理支持，继而会拉近和顾客间的距离。这样，即使顾客认为需要和家人商量，你也可以暂时把顾客留住，从而为我们接下来的说服工作奠定基础。

2. 为客户展示立即做决定带来的好处

例如，我们可以对某位女客户说："其实，这不仅仅是一件产品，更是一种心意、一种爱，不管它怎样，只要是你买的，你老公都会喜欢的。再说啦，如果他真有什么不满的地方，只要不影响二次销售，我们特别允许您在三天内都可以拿回来调换，您看这样成吗？"

3. 适度施压

顾客始终没有下决心购买，销售员不要天真地以为客户真的需要考虑，顾客权衡不出答案也许就此放弃购买也说不定。所以很多时候顾客下决定都需要销售员的参与，这就需要销售员主动出击，对顾客适当施加压力，甚至帮助客户做决定，这

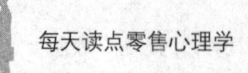

一招通常都很奏效。

你可以这样说,"我这里的这种产品已经剩下最后一批了,下次什么时候还能拿到这种货就说不定了",或者说"这种产品现在特别缺货,我们公司已经不生产了",等等。如果顾客确实满意产品,一般来说,他们会立即做出购买决定。

当然,运用这一方法,我们不可急功近利,要给客户考虑的空间,适当的时候,也要退后一步,否则很容易令客户反感。

冲动好胜型客户——激将法助你搞定

销售过程中,我们经常遇到这类客户,他们性格外向、好胜冲动,但在做购买决定时却拿不定主意,甚至会问询周围人的意见。此时,我们不妨利用他们的个性特点,运用一点小"手段",就很好搞定。可以说,巧妙地利用好胜冲动之人的心理特点,有的放矢,是销售成功的一个基本保证。

丽丽在一家商场品牌专柜售卖女鞋。

一天,专柜来了一位年轻漂亮的小姐,她一边打电话一边走过来,丽丽听她说道:"怎么可能,以我刘佳的人脉,这点小事分分钟给你搞定,你就等着看吧。"根据丽丽多年的看人经验，她判断出这位女顾客应该是个冲动好胜型的人。

过了一会儿，这位女顾客结束了电话，把手机放到包里，目光停在货柜上的一款新式皮鞋上。但她只是站在柜台前反反复复地看，问一些无关紧要的问题。很明显，她很喜欢这款新式皮鞋，但又因为价格太贵而犹豫不决。

丽丽当然看出来她的心思，所以，她上前问道："如果这双鞋的价格不能令您满意的话，您是否愿意再看看别的？"

没想到，听了售货员的话后，这位女顾客却表情坚定地买下了这双皮鞋。

案例中的女鞋销售员丽丽是个聪明的人，虽然她只是说了一句简单的话，但却深藏奥妙，因为她早已判断出客户是冲动好胜的人，所以，当她发现女顾客因为价格的问题而犹豫时，便采用激将法激发了这位女顾客的好胜心，继而成功地销售出这双皮鞋。

这里，我们需要提醒的是，运用激将法激发客户的好胜心，存在一定的风险，因为一旦不小心，就有可能伤害客户的自尊，而让客户放弃购买。

销售员使用这种方法，一定要把握好分寸，别适得其反。销售员在使用激将法时，需要注意以下三点。

1. 尽量在人多的场合下使用

这类客户最大的特点就是爱面子，尤其是在人多的情况下，更不愿意失了面子。因此，在人多的场合，销售员不妨用激将法来对付那些过于挑剔的客户，让他们在不情愿和不乐意的情况下，一边嘴里说着不好，一边掏钱购买。

2. 尊重客户，不能伤害到客户的感情

如果在上例中，售货员丽丽这样说："要买就买，买不起就别看了，看你这身穿着也不像能买得起的人。"那么，恐怕那位小姐不仅不会购买，还会与销售员理论一番，因为这样表达明显就是伤害了客户的自尊心，谁也不想平白无故被人瞧不起。

现实销售中，有些销售员采用贬低、瞧不起的口气去激发客户的好胜心，很明显，这是不对的，往往使得事与愿违。

3. 注意激将法在使用中的陷阱

曾经，有位品牌毛衣的销售员去一家女工工厂推销衣服，这家工厂的女工有几百人之多，平时在一起也是谈论服装打扮，所以，一听到有人来卖衣服，都纷纷赶过来看。

有个活泼的女工摸了摸衣服，说质量差，而且卖得贵，没想到这位销售员也不怎么会说话，挖苦那个女工说："看您穿这身衣服，就知道是买地摊货的人，恐怕一件卖给你10块钱，你都买不起！"

这个女工一听，确实很生气，于是，她干脆对周围的姐妹们说："你们做证，他卖我10块钱一件，我全包了！"销售员一听，只好灰溜溜地跑了。

这里，销售员本想运用激将法，但结果却是"搬起石头砸了自己的脚"，让自己下不来台，这位销售员恐怕是没办法再在这家工厂推销衣服了，他的这种做法实在没有考虑后果，"杀鸡取卵"，把他以后的推销之路全部堵死了。

所以，"激将法"的使用还要考验销售员的应变能力，要根据当时的情境判断，否则就会弄巧成拙。因此，销售员一定要注意自己的态度，不要伤及客户的面子和自尊。

沉默型客户——情境模拟法让他主动开口

现实销售中，我们经常会遇到这样的客户，无论销售员说什么，好像都跟他们没有什么关系，让销售员的热情逐渐冷却，最后不得不放弃。而此时，如果我们能用情境模拟法，让客户看到购买产品后的愉快情境，那么，客户的购买欲望就会被激发，进而愿意花钱购买。

某天，某饰品专柜来了一位小男孩。

小男孩走进专柜，对着展柜里的一条丝巾看了半天，也不说话。销售员问他需要什么，他也不应声。这时，另外一名销售员走过来，对小男孩说："小朋友，你是喜欢这条丝巾吗？"

小男孩："嗯……"

销售员："喜欢就买回去吧。"

小男孩："……"

这位小男孩并没有回答，而是走到另一个帽子面前。

销售员："这个也很漂亮。你是想选个礼物送人吗？"

小男孩："嗯……"

销售员："想送给谁呢？"

小男孩："想送给妈妈，明天是我妈妈的生日。"

销售员："小朋友真是个孝顺的孩子，你妈妈很幸福哟，你刚开始看的那条丝巾就很适合啊。"说完，销售员又走到帽子的展柜旁。

销售员接着说："如果你送给你妈妈，她一定非常喜欢。而且我可以免费给你做一个漂亮的包装，你看好吗？"

小男孩："真的适合吗？"

销售员："我觉得挺适合的，当你的妈妈戴着你送的丝巾出行的时候，一定很开心，不过我们这里还有其他的配饰，你也可以看看。没关系，你选择任何一个，我们都可以免费给你做漂亮的包装。"

小男孩："我还是喜欢那条丝巾。"

销售员："我也看它最合适了，我们就把它包装起来好吗？"

小男孩："好吧。"

第7章 到什么山唱什么歌，找到不同客户的心理"软肋"

案例中，这个小男孩一开始很沉默，但销售员却很懂得引导，最终成功地打开了他的话匣子，并成功地推销出去了丝巾。这名销售员之所以能做到成功销售，是由于她具备良好的观察能力和思考能力，首先发现小男孩对丝巾感兴趣，然后循循善诱，告诉小男孩他的母亲戴着他送的丝巾出行的时候一定很高兴，从而打动了小男孩，让小男孩愿意与其交谈，最终推销成功，这就是情境模拟法。

那么，具体来说，情境模拟法该如何运用呢？

1. 先以情动人，消除这类客户的抵触心理

在我们一走进客户的办公室或者家中时，就要表现得轻松一点，要让客户感觉舒服，而不要让其感觉到压力，他们就会逐渐喜欢上你、信任你，最终和你建立长期的业务关系。这里，我们要竭尽全力地鼓励和关心客户，使客户感受到温暖，把他当成知心的朋友，客户的抵触心理就慢慢消除了。

2. 认真倾听，并引导客户多说

那些沉默型客户通常都会冷漠应对销售员的热情，就更别指望他们对我们掏心掏肺，即便如此，我们依然可以鼓励对方多说，从其只言片语中了解他们的购买需求和购买心理，这就需要我们懂得如何倾听：倾听时绝不可左顾右盼、心不在焉；倾听时要懂得反馈，向对方表明你对其情感的理解；可以适当地重复客户的话，这表明你正在认真听。

3. 为客户描绘其在获得产品后的幸福场景

一般情况下聪明的销售员，不会单单地为客户介绍产品，而是懂得抓住客户心理，多为客户描述其获得产品后的幸福场景，这样，客户才会产生购买意愿。为此，这些聪明的销售员会在主观上帮助客户想象，这就要求销售员能够用自己的专业语言为客户的想象力铺平道路，引导客户朝着自己设定的方向想象，从而达到销售的目的。

"阳光明媚的春天，春风和煦，您带着您的孩子们，开着新买的SUV，来到郊外，郊外有座山，你们很顺利地就将车沿着山路开到山顶采摘园，你们采摘了很多新鲜的水果搬到车上。假如您买的是一款容量很小的车，完全放不下，那是有多尴尬……"

这是一段具有强烈对比性的想象，想象之所以为想象，是因为那毕竟不是真实的，但客户听到这段话后，是不会产生异议的。因为，这只是对产品的一种自信。

可见，对于那些总是不言不语的沉默型客户，我们要把推销重点放到把产品带来的好处植入客户的心中，当客户接受我们的情境描述后，成功推销也就不在话下！

从众型客户——借用外在影响力使其拿定主意购买

心理学上有个名词叫"从众效应"。的确，对于大众已经认可的事物，人们会省略很多思考的步骤而直接认可。实际上，这也是很多消费者的心理，许多人，特别是女性喜欢与同性朋友一起结伴购物，因为同性朋友之间的眼光更接近，购物也更加有乐趣。

当然，从众效应对于不同的人群的影响是不同的，对于销售员来说，在客户开发的工作中，我们如果能利用人们的这种从众心理，找到这只"领头羊"，便能开发出一批准客户。而在具体的销售活动中，我们更应该懂得运用人们的这一心理，以此来营造营销氛围，通过影响人群中的部分人，从而达到影响全部人的效果。

那么，销售过程中，销售员如何劝服有从众心理的客户购买呢？

那些影响力较大的人或事更能起到影响客户的作用。例如：

"某某明星从××年开始就一直使用我们公司的产品，并且，她还把我们公司的产品当成公司的福利来派发，到现在为止，她已经和我们公司建立5年零6个月的良好合作关系。"

"这是某次奥运会的指定产品，仅那次奥运会就使用了68720箱这种产品。"

虽然人们有很强的从众心理，但是只有那些有影响力的大人物才能对客户的购买行为产生影响，如果只是一些普通的消费者，那么客户通常是不会从众的，毕竟对方的身份和地位不足以说明问题。

所以销售员在寻找这些中心人物前，一定要对客户群体进行一番了解，一定要选择那些影响力大的、客户熟悉的、比较具有权威性的老客户，要不然，客户的从众心理很难被激发出来。

当然，我们所举出的例子必须是真实存在的，绝不能杜撰，不然只会引发与客户之间的信任危机。因为一旦客户发现你所陈述的内容并非事实，就会对销售员本身乃至整个企业的产品产生质疑，那么，这无论对于销售者或者企业，都会产生无法估量的恶劣影响。

专门挑刺型客户——忍耐和顺从

在现实的销售活动中，不少销售员遇到过这样的顾客：他们就像个"问题少年"，虽然对产品有兴趣，但总是问题不断，总是能挑出产品这样那样的毛病，甚至连销售员自身他们也不放过，简直是专门挑刺。对此，不少销售员都很无奈，因为很多时候并不是销售员的错，但无论如何，销售员都要明白，你的任务是卖出产品，不必争论谁对谁错，因为毫无意义，达到你的销售目的，你才是真正的赢家。如果你为了逞一时之气，与客户争出个胜负，最后让怒气之下的客户掉头就走，损失了生意，实在得不偿失。因此，面对这类专门挑刺的客户，最好的办法就是忍耐和顺从。

元旦这天，一家大型的服装商场在做活动，一位女士一下子买了两件衣服，一件衬衣折后80元，一件卫衣折后100元。因为她挑的这两件衣服都是特价商品，所以不能退换，导购员在说明这一点后，女士也答应了。

但过了会儿，女士又来了，还气呼呼的，对导购员说："这件衬衣上少了个纽扣，你让我怎么穿，我以为你们是名牌呢，其实就是地摊货，本来我也不指望你们的衣服质量有多好，但最起码不能少了物件儿吧，现在我要换件新的，不然我就退货。"这位顾客一副绝不妥协的样子。

导购员："真不好意思，女士，您先别急，这件事是我的疏忽，对您造成的困扰，实在抱歉，其实，我们这是个服装大品牌，平时几乎不打折的，更别说这么优惠的价格，所以衣服上或多或少会有些小问题，这也是特价的原因之一，但这些小缺点完全不影响穿着的。"

客户："我这样穿出去，是会被人笑话的。"

导购员："您放心，衣服的档次和质地是绝对很好的，其实，只需要钉上一颗纽扣，完全和正价的衣服一样的。才花80

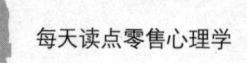

元就购买到几百元的衣服，真的可以说是物超所值啊。"

客户："但是我在买的时候你应该告诉我，要是早知道这样，我肯定是不会买的。"

导购员："这件衣服真的很舒服，我自己也挑了一件。我也看出来您很喜欢。如果您仅仅因为一颗纽扣就损失一件喜欢的衣服，那就太不划算了。您说是吗？您看这样行吗？我让店里的师傅再给您钉上一颗完全一样的纽扣，保证看不出任何痕迹。"

客户："也是。好吧，那就这样吧。"

这则案例中，服装导购员在衣物售出时就已经提醒过客户不能退换，但是客户还是因为一个小小的纽扣前来理论。对于这样的顾客，导购员并没有与之争执，也没有强调自己之前的提醒，而是语气和善地先稳定客户的情绪，再耐心劝说顾客，并答应为其解决问题，这样，顾客的怒气自然就消除了。

面对专门挑刺的客户，销售员要做到以下几点。

1. 态度始终和善，不可与之争论

无论客户提出多少反对意见，销售员都要保持良好的态度，更不可与客户争吵，因为不管你是否在理，一旦与客户产生正面冲突，那么，你失去的不仅仅是一单生意，更是个人乃至整个公司的信誉。

2. 挖掘出客户挑刺的真正理由

对于这类本身就是爱挑刺的客户，需要销售员具有良好的分析能力，能够从客户的反对意见中找出关键问题加以重点解决。关键问题，也就是那些对客户来说最重要的、客户最关心、与其关系最密切的问题。

作为销售员，当你真正弄清了客户担心的问题，并采取有效的方法加以解决后，就真正打破了阻碍销售成功的障碍。如此一来，促成交易也就更加容易了。

3. 礼貌应对，先肯定再劝服

对于客户的挑刺儿，我们要礼貌应对，这是为了展现我们良好的修养和素质，但这并不是意味着我们要一味地忍耐，聪明的销售员会采用婉转或者先肯定后否定的方式。例如当顾客对你的服务或是产品产生误解时，你可以说："您说得没错，不过……"这样一来，既表达了自己的意思，又维护了相对良好的销售氛围，最重要的是，没有和客户产生语言上的冲突。

总之，对于那些爱挑刺儿的顾客，营造良好的沟通氛围是非常重要的。在此基础上，销售员还需要想方设法解决顾客提出的问题，只有消除了顾客的疑虑，销售工作才能顺利进行。

追求个性型客户——强调产品独特性

现代社会，随着市场经济的繁荣，人们对于产品的选择范围也逐渐加大，在基本需求得到满足的前提下，人们开始追求那些有个性、具有特殊卖点的产品。一旦他们认识到我们的产品具有这些特点，就会难以放弃，他们可能认为再也找不到这样的产品，从而产生很好的情感归属。因此要想留住顾客，不让顾客被竞争对手抢走，那么，销售员可以向客户阐述产品的特殊卖点，以此满足客户的这一需求。

这天傍晚，刚领完工资的陈小姐来到商业街，她走进一家时装店，四处看了看后，直摇头，并说着："算了，还是去其他家吧。"

陈小姐的一举一动都被店铺中的导购看到了，她问陈小姐："小姐，您先留步，请问小姐您是否觉得我们店的时装种类太少，没有什么可挑选的空间？"

顾客："是啊，看来看去也就这几件衣服。"

导购："是啊，开时装店就是要衣服的款式新、种类多，不过我们店主的审美一直很有个性，那些大街上经常有的款式她还看不上，她更喜欢那些经典、有特色的款式，不落伍又不落俗套。"

顾客："你这么一说，我还真发现，你们店的东西不一样。"

导购:"是啊,现代社会我们女性的穿着打扮完全不像从前了,像从前我们只要穿得颜色鲜、花样多就是时尚,现在是有个性就是时尚。我看小姐的装扮,也是很注重品位的人。时装虽然容易过时,但只要搭配得好,总是能穿出永不过时的感觉。"

顾客:"确实是,您看,我身上这条裙子,别人都以为我是新买的,实际上,两年前我就买了,只是我喜欢以不同的方式搭配,因此,穿出来总是有不一样的感觉。"

导购:"是啊,您再注意看一下我们店的衣服,最大的优点就是容易搭配,而不是追求新奇!"

顾客:"是的,那你觉得我适合什么样的衣服呢?"

挑选了一会儿以后,导购拿起一条裙子说:"我看这件就不错,小姐身材很有曲线美,这条裙子的设计正是走的复古路线,肯定能凸显小姐的身材。"

顾客:"是吗?我相信你的眼光,我去试试看。"

最后,陈小姐兴高采烈地买了这条裙子。

这则销售案例中,在顾客称自己要去"别家看看"时,销售员并没有置之不理对其放弃推销,而是先认可客户的看法——产品种类太少,接下来,她也并不是以常用的销售话术"新货过两天就到了""现在已经卖得差不多了"等借口推脱,而是承认客户的观点,再向顾客表明虽然种类少,但款式经典、有特色等，进而让顾客有这样的感叹："你这么一说，我还真发现，你们店的东西不一样。"接着，她再对客户的品位进行一番夸赞，让客户喜不自胜，自然愿意接受她的推荐而选择购买。

那么，针对这种情况，具体来说，我们该怎么应对呢？

1. 认可客户的看法，先留住顾客

让客户看到并且承认产品具有个性的前提条件是要让客户留下来，对此，你可以这样说："我们店里的产品在进货时都是经过精心挑选的，虽然种类不多，但都是款式经典又畅销的产品。"需要注意的是，这里你说的每一句话都要有事实根据，如果情况不属实，你却硬是这样说，那么丢掉的可能就不仅是顾客，还有店铺的信誉。

2. 做好服务，让客户满意

现代社会，随着竞争的日益激烈，产品在质量与性能上都是大同小异的，人们在购买时，也逐步带有情感因素，更关注的是销售方的服务态度，谁的服务让顾客满意，顾客就愿意光顾谁的生意，这是再自然不过的道理。可见，销售员做好服务也是赢取顾客非常关键的一环。如果照顾得不周到很有可能让顾客感觉受到冷落，从而影响成交量。

3. 陈述产品的特殊卖点，用个性吸引客户

在追求时尚与个性的今天，人们也越来越注重产品的个性化。我们在购物的时候，也会不经意地发现那些面积小但却很

有特色的店面。例如专门经营民族服饰的店铺、专门经营水晶饰品的店铺等，这些店铺虽然看起来不大，却往往内有乾坤。如果这些店铺的导购不善言辞，顾客还是会觉得产品种类不足，故而"去别家看看"。

所以，作为销售员，对于那些有个性的客户，如果你想留住，就要让顾客感受到你的产品的特别，或者具有某种特殊的含义，以特色勾起顾客的兴趣和购买欲望，实现销售目的。

爱慕虚荣型客户——多说点甜言蜜语

销售工作中，我们经常会遇到这样一类客户，无论销售员说什么，他们都表现出一副不可一世的样子，并且，好像他们对产品的了解程度比销售员更高、更专业，他们更希望掌控这一场沟通中的主导权，希望销售员能成为自己的崇拜者和聆听者，这类客户就是爱面子的人。面对这种顾客，底气不足的销售员常不知所措，不敢继续接待，也有些销售员，为了证明自己的产品值得购买，非要与客户争辩，而最后的结果是，你可能争赢了，但却输了订单。其实要想搞定这类客户，并不是什么难事，只要我们能放低姿态，给其灌下"蜜语甜汤"，满足其虚荣心，销售也会顺利进行。

前面，我们已经分析过赞美的作用，的确，好听的话谁都受用，尤其是对于这些爱面子的客户，一味地说服和引导他们购买，恐怕是不能起作用的。如果你想赢得他们的心，就不要吝啬那些甜言蜜语，让你的语言像玫瑰花一样芬芳他们的心，让客户心情愉悦起来，与你进行一个很好的交流，为销售成功奠定一个好的基础。

对于不同年龄段的客户如何劝购

作为销售员，我们都知道，只有把产品推荐给有需要的客户，才能完成交易，如果客户没有购买需求，无论我们再怎么推销，都是在做无用功。当然，客户的购买意向与需求，是可以从无到有的，前提是需要销售员的说服和引导，激发客户的购买欲望，如此，也能让客户完成购买。但我们每天的客户群体并不是单一的，其中，不同年龄段的顾客，消费心理与特点都是不同的，我们只有看菜下碟，才能对症下药，激发他们的购买欲。

总体来说，我们可以根据年龄特点对客户做出以下归纳，并拟定出一些销售策略。

1.青年人的消费特征及销售策略

在我国的消费市场，其实很大一部分是被青年人占领的。青年阶段是人最富有创造性和追求独立性的阶段。青年消费者，通常具有这样几个消费特征。

（1）自我意识强烈，追求时尚与个性。

（2）市场范围广、潜力大，消费能力很强。

（3）消费行为易于冲动，富有情感性。

我们发现，相对于其他年龄段的人来说，青年人购物时，更关心产品的外观，如颜色、款式、包装等，甚至很多时候，这些要素还决定了他们是否最终购买。

另外，青年消费者的消费兴趣具有很大的随机性和波动性，因为他们有可能今天喜欢这个，明天又喜欢那个。

因此，在劝说青年人购买的时候，我们可以多提及产品的受欢迎程度、个性化因素等。例如，我们可以这样说："看得出来，小姐是个注重时尚和品位的人，如果您购买这款耳机的话，一定会让您看起来特别的与众不同。"

2. 中年人的消费特征及销售策略

一般来说，中年人的社会经验丰富，相对于青年人而言，对产品的关注点会有所偏移，他们在购物时也更理智。另外，他们上有老、下有小，是家庭的经济支柱，身上肩负家庭的重任，他们更懂得储蓄。他们的消费特点有如下几点。

（1）消费时多是理智的、有计划性的，而不是情绪性的、冲动性的。

（2）不跟风购买，对新产品不盲目追捧。

（3）消费时会综合考虑各方面的因素，更注重商品质量、性价比等，而并不只是外在。

（4）购物支出更多地体现在能改善生活状态、节省时间和提升工作效率方面。

（5）消费需求稳定而集中，自我消费呈压抑状态。

因此，在劝说中年人购买的时候，我们要尽量多从产品自身说起，多介绍如果他们购买产品，能给他们带来怎样的便捷、益处等，并强调产品的性价比，让客户觉得购买划算。

3. 老年人的消费特征及销售策略

在销售行业，人们将老年人的市场称为"银色市场"，这是因为这个群体是庞大的。的确，随着我们生活水平的日益提高，老年人的人口基数越来越庞大。另外，他们的子女都已经成家立业，老年人也没有什么经济负担，所以，他们也有经济来源可供消费。

一般来说，老年人都比较关注自己的身体，消费范围更多的是在饮食和医疗方面，他们对产品的品牌忠实程度很高，消费习惯也比较固定。

因此，在劝老年顾客购买时，我们最好可以将产品的性能与其健康、饮食、医疗、娱乐等方面联系起来。另外，一定要强调产品的安全性和实用性，要让他们买得放心。

以上关于不同年龄段的人群的消费特点和习惯的总结，相信在我们激发客户购买欲望的过程中定能起到帮助作用！

第8章

善于观察，发现客户身体语言中暗藏的购买信息

在销售中，我们都知道，出于自我保护的需要，客户几乎不会告诉销售员他们真实的内心想法，因此，这就需要销售员有识别客户内心情绪的本事，其中重要的突破口就是客户的表情、动作，乃至眼神，用来加以判断和解读。正如推销大师乔·吉拉德曾说过的："我有一个特点，就是我了解人，我甚至知道你现在在想什么。当你走进来时，我观察你的眼睛、你的嘴唇，与你握手时，我感受到你的感觉、你的身体在和我对话。"作为销售员，如果我们能够感觉敏锐、眼睛锐利，并能和乔一样，及时捕捉到那些有效信息，那么，与客户的交往也就容易得多了。

洞察客户的微表情,读懂客户心思

我们都知道,人的面部表情最为丰富,而心理学专家也发现,不同的面部表情,所传达的含义也是不同的。在犯罪心理学中,侦探或警察也会使用这一方法判断嫌疑人是否作案。同样,在销售活动中,我们也可以从客户的微表情中读懂客户心思。

陈浩在商场担任某护肤品牌的导购员。

元旦这天,商场做促销活动,来了很多顾客,尽管人很多,但观察力强的陈浩还是发现了一位特殊的女士,这位女士妆容精致,一身简单的连衣裙,但陈浩一看就是昂贵的品牌。她站在专柜前,一句话也不说,只是看着护肤品。

面对这样的客户,好几个销售员都过去推销,但都被冷漠的顾客打败了,于是,就没再坚持了。但陈浩则发现,这个女顾客有个特殊的动作——她在销售员为其他客户介绍产品的时候,总是盯着销售员,并不说话。

以陈浩的销售经验,他判断,这类人一般疑心很重,对于销售员的话不相信,才会有这样的表情,所以他决定让客户自己做决定,并不去多做介绍,等她抬头寻求帮助的时候,他才过去帮忙介绍产品的相关情况。果然,与陈浩预期的一样,这位顾客很爽快地买了产品。

这则销售案例中,在其他销售员束手无策的情况下,销售员陈浩并没有贸然上前推销,而是先通过观察客户的肢体语言——总是盯着销售员,并不说话,由此判断出客户不理睬销售员是因为其疑心重。于是他调整推销策略,以不变应万变,当客户需要他的时候他才出现,从而顺利把产品推销出去。

的确,销售过程中,我们发现,很多情况下,客户是不愿意透露自己的内心想法的,此时,销售员可能会觉得无计可施。而实际上,语言并不是了解一个人内心世界的唯一方法,如果我们能洞察客户的微表情,同样可以读懂客户心思,从而让销售更为顺利。

我们需要通过以下几个的肢体语言了解客户的心理。

1. 喜欢点头和摇头

这类客户一般自我意识都比较强,他们不轻易与人合作,但只要是他们认定的合作者,他们就会坚持。因此,这类客户还是很有必要与他们搞好关系的,一开始,你可能需要花大力气去攻心,但只要这块"难啃"的骨头被你"啃"下来,他就会成为你的忠实客户。

2. 盯着你

这类表情一般表示怀疑,也就是说他们并不认同你的话,此时,如果你解读错了客户的微表情,那么你就了解不了顾客

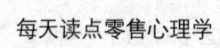

的态度和情感。这样一来，无形之中就把顾客和你对立了起来。试想，顾客怎么可能和你合作呢？

3. 不停地眨眼睛

这是一个表示蔑视的表情，客户有这样的微表情，表明他们认为你的表述十分可笑，此时，你就不要再夸夸其谈了；否则，不但没有任何效果，反而会引起顾客的反感。

这时，我们一定要懂得察言观色，如果客户开始不停地眨眼睛，你就要积极地改变策略，转移话题，重新想办法说服顾客。当你发现顾客眨眼睛的频率变快的时候，说明你的说服起到作用了，客户开始动心了。

4. 斜视你

客户斜视你，原因有很多种，也许对你的话感兴趣，所以想购买产品，也许是对你心怀敌意，对于这两种情况，我们要这样区别对待。

一般情况下，如果客户斜视你时，面带微笑或者眉毛轻轻上扬，这说明客户认可你，此时，你就该趁热打铁，提出购买要求，成交的概率会大很多。

还有一种情况，客户眉头紧锁、眉毛压低或者是嘴角下拉，说明客户对你不信任或者心存敌意。出现这种状况的时候，你就要想方设法消除顾客心中的疑虑和不快，重新把顾客的眼神拉到自己的身上来。

可见，一个人可以用语言来掩盖他的内心想法，但他的微表情不可能说谎，从这些方面入手，作为销售员的我们就能一眼洞察客户的内心世界，从而方便自己实施下一步的销售决策！

客户各类手势所传达的信号

在人类的各种肢体语言中，手部动作是最灵活，也是最多的，在人类进化过程中，手起到了不可替代的重大作用，可以说，双手推动了人类的进化历程。在长期的劳作中，双手形成了一整套精细的动作，能够生动地反映人类的内心世界。

行为心理学家戴斯蒙·莫里斯博士曾经做过这样一个实验：

实验的研究对象是一群护士，研究人员让他们对病人谎报病情，莫里斯博士通过录像发现，这些护士在撒谎时，手部动作明显比平时多了很多，他们最常用的是用手掩饰嘴部的动作。

由此他得出结论：用手遮嘴很可能是因为对方在撒谎。人际交往中，如果你发现对方有这一动作，当谈到一些关键性问题时，如果对方一边给出看法，一边用手遮嘴，那么，你最好认真考虑下他讲话的真实性。

在销售活动中，销售员也可以运用这一察人策略来读懂客户的真实心理。

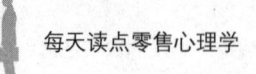

珍妮是一家大型公司的项目负责人。公司正在与一家大型外企接洽一项业务，能否做成这单生意关系到公司下半年的经济效益。为此，老总给珍妮下了死命令，务必要顺利拿下订单。

做足准备工作后，珍妮带着资料只身前往这家公司，准备进行深入的交流。

在交谈的过程中，珍妮认真观察对方负责人的一举一动，一开始，对方拿出一张纸，在上面写满了五花八门的对这个项目的看法。不知不觉之间，对方负责人还把双手交叉放在了胸前，对心理学知识颇有研究的珍妮明白，这是客户产生质疑的表现，珍妮心想，看样子真得使出看家本事了。

接下来，珍妮打起精神，停止解释，一项一项地开始按照客户的意见完善方案，即使觉得客户的方案不好，她也没有反驳，而是有理有据地把自己的设计方案为客户演示了一遍。在珍妮既专业又真诚的演示下，客户的双手渐渐地放了下来，投入了与珍妮的讨论之中。至此，珍妮才松了一口气。最终，她顺利地为公司签下了这个大订单。

这则销售案例中，我们发现，项目负责人珍妮是个聪明的人，并且，她将心理学知识运用到与客户的接洽中。在她看到客户把双手交叉放在胸前时，就立即意识到这是客户想拒绝和否定的意思，接下来，她及时调整策略，成功地打开了客户的心扉，最终顺利签约。假使她不懂得解读客户的手势语言，而是反复强调自己的观点，那么，客户肯定会认为她是在强词夺理，从而更加反感她。由此可见，小小的手势也暗藏着玄机。

作为销售员，在与客户沟通时，如果我们能细心观察，是能通过客户的手部动作分析其心理的。对此，我们可以总结如下几点。

1. 如果客户有以下动作，表明他可能在说谎

（1）当你与他交谈的时候，对方不自觉地用手拉衣领，说明其心虚。

（2）下意识地用手遮嘴或摸鼻子，话语的真实性有待考验。

2. 如果客户出现以下微动作或表情，表明他对你说的话态度不积极

（1）你在陈述时，如果客户用手抚摸下巴，则表明他在考虑该怎么做；如果客户头部保持直立，手轻轻放在脸颊上，就说明他正在思考；如果客户用手托住脸颊，头轻轻地歪向一侧，就说明他已经开始厌倦你的长篇大论了。

（2）双手叉腰说明客户对你充满敌意。叉腰时大拇指朝前，是质疑的意思，而朝后则是控制欲强的表现，所以双手叉腰时大拇指的指向不同，含义不同。

（3）双臂交叉于胸前，就是否定和拒绝的意思。

总之，我们在与客户沟通的过程中，如果能读懂一些手

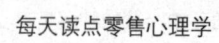

势信号的话，就可以查看出客户的内心活动，从而判断他的用意、心思，这远比语言更具真实性！

从客户的站姿读懂客户的心理

心理学家认为，在人的身体部位中，"最不安分"的部位应该是腿脚，也是身体中最为诚实的部分，是人的性格和心理中最为真实的写照。同样，作为销售员，我们也可以将这一察人技能运用到销售活动中，也就是说，通过观察客户的站姿，我们便能大致窥探出客户内心的秘密。

老杨是一名电器销售员，最近，他结识了一位客户，对于是否购买产品，客户的态度竟然是："都可以啊"，最后还是客户的妻子拍板购买的，这位客户的个性就是什么都"无所谓"。

第一次，老杨与他接触的时候是在一场市体育局举办的羽毛球赛上，当时老杨看到他做出的姿势：两脚并拢或自然站立，双手交叉背在身后。

第二次，老杨约他出去吃饭，在点菜时，老杨问他想吃什么，他说："随便啦，怎么样都行。"

后来，两个人成为朋友，老杨问他，他新房里的空调买什么品牌的，他居然回答："你决定吧。"

再后来，老杨听说他的股票亏了很多，老杨以为他会悲痛欲绝，打电话过去安慰他，结果他回答："赔就赔了吧，以后有时间享清福了。"他的妻子气不打一处来，他却一笑了之。

……

可以说，故事中老杨的这位客户就是个典型的"无所谓"先生，这一点，从他日常生活中的站姿已经看出来，后来，他的语言习惯也佐证了这一点。

这里，我们可以说，经常有像老杨朋友这样站姿的人一般是人际关系比较好的人，他们对生活很容易满足，同时，不愿与人争斗的个性既带给他们美好的心情，也带给他们不好的事情结果，因为生活并不总是遂人愿，一味地逃避争斗有时候只会使事情更糟糕。

腿部动作是客户心理的真实显现，我们可以对此做出以下总结。

1. 两手叉腰而立

这是一种自信的动作，如果站立时双脚分开与肩同宽，整个人的身体显得膨胀，往往存在着潜在的进攻性。若再加上脚尖拍打地面的动作，则暗示着领导力和权威。

2. 含胸驼背

骨子里自卑且性格怯懦的人更喜欢含胸驼背，一般来说，

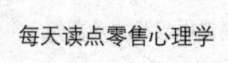

这种站姿的人总是处于劣势，有强烈的自我防卫心理。

3. 挺胸收腹、双目平视

这种人往往有充分的自信，如果排除这种情况，就说明此人很注重个人形象，这样站立是为了让自己看起来更体面。

4. 双脚并拢，双手交叉站立

并拢的双脚表示谨小慎微、追求完美。虽然这类人或许进取心不足，但是往往坚韧不拔，意志力顽强。

5. 背手站立

背手暗含有"不想把手弄脏，所以把手放到其他地方"的意思，这类人通常掌控欲十足、自信，甚至可以说有点自负。但是，如果一只手从后面抓住另一只手的手臂，则可能是在强压自己的不满、愤怒或者其他负面情绪。

在服务行业中，这种站姿有可能想表明"我没有行动，没有威胁"的意思。

6. 单腿直立，另一腿或弯曲或交叉或斜置于一侧

这是一种保留意见或者拒绝的意思，也可能是感到拘束和缺乏信心的表示。

7. 将双手插入口袋

这是不表露心思、暗中策划的表现。若同时弯腰弓背，可能说明事业或生活中出现了不顺心的事。

8. 喜欢倚靠站立，不是靠墙，就是靠着人

这类人好的方面是比较坦白，容易接纳别人；不好的方面

就是缺乏独立性，总喜欢走捷径。

9. 遮羞式站立

手有意无意遮住裆部，有这种站姿的一般是男性，他们会用手挡住要害部位，其实这是个防卫性动作，说明心里忐忑不安，准备接受别人的批评和不赞同。

10. 双脚成内八字状

有此站姿的人女性居多，有软化态度的意味。不少女性为了避免让自己看起来很强势时往往采取这种站姿。

当然，这只是一些简单的介绍，只供参考，其实，如果自己观察的话，是可以从一些蛛丝马迹中发现一些规律的。

总之，站姿就像性格的一面镜子，将一个人的性格折射得一览无余。销售过程中，假如你能够在开口说话之前，先观察客户的站姿，那么，在交谈中就能占据主动，从而形成对销售有利的局面。

从客户的坐姿读懂客户的心理

现实的销售过程中，一些销售老手早已学会从客户身体的各个部分的动作来判断客户的心理活动，察看对方对自己是赞同还是反对，进而采取进一步的举措。相反，对于那些我们视线之外的部位，我们常常会忽视，如客户的坐姿，事实上，客

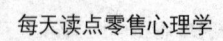

户的坐姿，能反映他惯常的性格特征和此时此刻的心理。观察客户的坐姿，能帮助我们更清晰地掌握客户的个性心理特征。

具体来说，我们可以进行以下总结。

1. 正襟危坐、目不斜视的人

这是思维严谨、做事周密的人，这类人做事之前会再三考虑，不会做没有把握的事，也不喜欢冒险，所以也缺乏一定的灵活性。

2. 爱侧身坐在椅子上的客户

在他们看来，只要坐姿舒服即可，不必太在乎他人看法，他们往往是感情外露、不拘小节者。这样的客户大大咧咧、易于沟通。

3. 把身体尽力蜷缩一起、用双腿夹住手的客户

这种人多半是服从性性格的人，他们谦逊却又自卑、自信心不足。

4. 敞开手脚而坐的客户

这种人有喜欢主管一切的倾向，支配欲较强，性格外向、不拘小节。

5. 将一只脚别在另一只脚上而坐的人

这种人一般是害羞、忸怩、胆怯和缺乏自信心的女性客户。

6. 踝部交叉而坐的客户

这种情况要分男女：

如果是男人，那么，与之相伴的动作，他们喜欢将握起的

双拳放在膝盖上，或用双手紧紧抓住椅子的扶手。

女性采用这种姿势时，通常喜欢双脚相别的。另外，她们双手会自然地放在膝盖上或将一只手压在另一只手上。大量研究表明，这是一种防范他人和警惕心理的人体姿势，目的是控制消极思维外流、控制感情、控制紧张情绪等。

7. 将椅子转过来、跨骑而坐的客户

这是当自己被言语威胁或者对他人的话感到厌烦时的一种体现，如果你的客户有这样的坐姿，那么，他多半是个喜欢唯我独尊的人。

8. 在他人面前猛然而坐的客户

表面上看这是一种大大咧咧的行为，其实，这是一种内心的不安，因此，这一夸张的动作也只是为了掩饰内心的不平静。

9. 坐在椅子上摇摆或抖动腿部或用脚尖拍打地面的客户

这说明其内心焦躁、不安、不耐烦，或为了摆脱某种紧张感而为之。

10. 和你坐在一起而有意挪动身体的客户

这说明他在心理上想要与你保持一定距离。并排而坐的两个人要比对坐着的两个人，在心理上更有共同感。

11. 喜欢对着坐比喜欢并排而坐的客户

这种人更希望自己能被对方所理解。斜躺在椅子上的人比坐在他旁边的客户，具有心理上的优越感，或者处于高于对方

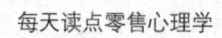

的地位。直起腰杆而坐的客户，表现出一种恭顺之意，也可能因为对方谈起某个话题而让他们很感兴趣，或者是欲向对方表示心理上的优势。

客户频繁点头真的是表达认同吗

现代商业社会，竞争日益激烈，而竞争体现在很多方面，其中就包括信息的竞争。在推销活动中，我们掌控的信息越多，就越有助于成交，所以，推销活动很多时候打的就是一场心理战，掌握越多的客户心理动向，就越能帮助我们做出正确的策略。

对于销售员而言，可能你曾经感到疑惑：当你侃侃而谈时，客户不停地点头，这真的是认同吗？

一般情况下，不可置否的是，"点头"表示同意，"摇头"表示不同意，但实际上，这只是我们的主观猜想，点头的含义并不是那么简单，它包含两方面的含义：第一，表示"同意"或"关心"；第二，表示"不关心""动摇""无聊"等负面的感情。我们不妨先来看下面的故事。

丽华在一家民营企业工作，最近，她与一家外企的采购部主管取得联系，就一批材料的交易进行交涉。

第8章 善于观察，发现客户身体语言中暗藏的购买信息

见面后，丽华发现对方负责人是一个很年轻的女孩，她心想，身为同龄人，一定有不少共同语言。

接下来，丽华并没有直接谈生意的事，因为根据她的经验，单刀直入地谈生意，太没有人情味，对方未必接受，所以，她先说时尚、服装、化妆品这些。令丽华感到奇怪的是，对方好像是个木讷的人，尽管丽华一直在侃侃而谈，对方也一直在点头，但却不发一言。

肯定是哪里出了什么问题，丽华边喝咖啡边想：啊，原来点头并不是同意，而是已经不耐烦了。丽华突然想起自己曾经看过一档心理学综艺节目讲到过这个问题，可能对方是个与众不同的女孩，也许对方根本对这些大众女孩喜欢的事不感兴趣。还是把话语主动权交给对方吧。

于是，丽华说："陈经理年纪轻轻就干到这个职位了，肯定是个不简单的女孩，谈谈你的爱好吧。"听到丽华这么说，对方好像打开了话匣子一样，原来，她更关注小动物和盆景这类安静的活动，她经常去流浪动物协会做义工，她的家里还养了近百种花草。

"看来我没看错，你是个与众不同的女孩，你这么善良、有爱心，还心灵手巧，难怪这么能干呢。"丽华这样赞美她。

丽华注意到，对方再也没有频繁地点头了，看来自己找到了问题的症结，果然，谈话结束后，对方满脸笑意地主动提出成交，还称很乐意交到丽华这样的朋友。

我们发现，案例中的丽华是个聪明的人，尽管在销售之初，她因为没有把握客户动作的真正含义而差点失去一单生意，但庆幸的是，她及时发现问题的症结，把话语的主动权交给客户，让客户谈起自己感兴趣的话题，打开话匣子，从而很好地帮助顾客做了决定，完成了销售目的。

从这个案例中，我可以发现，客户点头未必是认同和赞同的意思，反而是敷衍、不耐烦，那么，该如何分辨点头的具体含义呢？关键点在于点头的时机。例如，在销售员一句话说完的间隙或者征求对方同意时，客户点头代表他"同意"你的话，这是他对你的话感兴趣的证据，也说明他在认真听你说话。

然而，如果客户点头根本不分时机，那么，很可能说明他对你的话没有兴趣，或者感到厌烦。他心里可能在想："你赶快说完吧！"也有可能是你正在说的话与他事先设想的已经偏离很远了，或者你所推销的产品与其需求不同，于是，他产生了动摇的情绪。他想通过点头的方式，催促你赶快把话说完，以度过这段无聊的时光。

了解了点头这个动作的真实含义之后，在我们与客户的交谈中，假如客户所说的话也让我们感到"无趣""动摇""无聊"，而此时我们又不想让客户看透自己的心思，就要注意自己的点头频率了。如果无意识中频繁点头,客户就可能感受到我们的心情,进而影响销售活动的正常进行。

  所以,作为销售员,在与客户沟通的过程中,一般来说,客户点头表示赞同,但如果客户不分时机地点头,那么,你就需要注意了,也许客户对你的话根本不感兴趣,但又不好直接表明,此时,你最好结束滔滔不绝的言论,尽量把说话的主动权交给客户。

第 9 章

用心倾听：会"说"还要会"听"，聆听是最好的销售语言

我们都知道，口才如何直接决定了销售员的业绩，所以，每个销售员都希望自己能说会道，然而，实际上，似乎那些总是滔滔不绝的销售员的业绩并不是太好，这是因为他们忽视了一点：客户也有诉说的愿望。事实上，"喜欢说，不喜欢听"是人的特点之一，客户也希望被认同、被倾听，为此，如果你在与客户沟通时，能够掌握这两个人性的特点，记住"倾听先行"的原则，鼓励客户多诉说，让客户产生被认同感，那么，销售工作一定容易得多。

倾听是了解客户真实心理的最佳方式

一场销售活动，前期准备工作很重要，尤其是我们需要了解客户的购买心理。例如，客户是否真的要购买、购买什么价位的产品等，只有了解这些信息，我们才能有针对性地进行销售，不至于眉毛胡子一把抓。而事实上，很多时候，出于防备心理，客户是会隐藏内心的真实想法的，这就需要我们不但要会"说"还要会"听"，以便在销售中及时判断出客户的需求，从而更准确地找出应对策略，尽快完成销售任务。

小吴在一家知名琴行工作，他曾为很多音乐爱好者推荐了好的乐器，可以说是一位非常合格的销售员。

有一天，琴行来了一位40岁左右的男士，他的脚步停留在一款古铜色吉他面前。这时候小吴走了过去，打招呼说："您好，先生，请问您是想购买吉他吗？"

客户回答说："我随便看看。"

小吴知道客户不愿意跟自己说话，于是，他退回去站在一旁，静静地让客户自己挑选，可是这位客户左看看又看看，不知道到底买什么样的，显得左右为难的样子。此时，小吴觉得时机已经成熟，于是，他再次走过去，对那位先生说："先生，请问您想购买什么样的吉他呢？"

第9章 用心倾听：会"说"还要会"听"，聆听是最好的销售语言

客户："我儿子今年15岁，想学音乐，我想给他买个吉他作为他的生日礼物，但是我不知道买什么样的。"

小吴："您可真是一位贴心的父亲，不过，作为初学者而言，最好选择左边的那些款式，买这边的，孩子学起来会很吃力，男孩可以选择深色的。"这时，小吴从架子上取下一款适合初学者的吉他，自己随便弹了几下，听着清脆的吉他声，客户连连点头。

最终，客户高高兴兴买了这款吉他，离开了。

我们发现，案例中的琴行导购员小吴是个善于把握客户心理，找出客户真实需求的人。开始，在客户刚刚光临、他热情的帮助被客户拒绝后，他并没有继续"纠缠"客户，而是等客户真正需要帮助的时候再"出现"，在得到客户肯定的回答后，他一边倾听，一边引导客户继续说，进而让客户主动说出自己的购买需求，从而很好地帮助顾客做了决定，完成销售目的。

一个好的销售员，有一种品质是最重要的，那就是"聆听"，会聆听的销售员，往往在营销的路上能够走得更远。"聆听"的意思就是"倾听"，也就是要"耳听八方"。的确，倾听的最终目的是服务于销售。我们若想成功推销产品，就必须了解客户的需求。事实上，出于防备心理，客户是不会主动讲出其内心真实想法的，这就需要我们在倾听客户说话的

过程中多留心，不要为了倾听而倾听，要及时把话题转到销售工作上。

那么，具体说来，我们怎样才能倾听出顾客的需求呢？

1. 从关心客户需求入手

现实销售中，一些销售员只希望把产品赶紧卖出去，所以在与客户沟通中，他们只顾自己侃侃而谈，希望把所推销产品的信息迅速灌输到客户的头脑当中，却根本不考虑客户是否对这些信息感兴趣。这些销售员，可以说从一开始就注定了失败，要知道，让客户对你的产品感兴趣的前提是有共同的话题，这就需要我们销售员多关心客户的需求。

对于客户的实际需求，销售员需要在沟通之前就加以认真分析，以便准确把握客户最强烈的需要，从客户需求出发寻找共同话题。

2. 多倾听有利于销售的内容

对此，销售员需要倾听出以下几点内容。

关键点：客户最感兴趣的关于产品的某个"点"，也就是能满足客户需求的重要方面。

情绪点：人都是有情绪的，或欣喜、或气愤、或关注、或冷漠等，我们的客户在与我们沟通的过程中，也会产生这样那样的情绪，而当销售员听到客户在话语中流露出有利于成交的信号时，就要立即抓住机会，提出成交要求，达成所愿。

敏感点：完美的产品是不存在的，所以，无论如何，客户都会对产品的某个点，如价格、折扣、性能、保障、售后服务、购买承诺等提出意见，我们要善于抓住客户最关心的问题。

另外，在最后我们成功转移话题到销售点上时，我们要多说积极的话，这样在说话时会显得更自然，也能引导客户用积极的情绪看到产品、接纳产品。

可见，如果我们不懂得倾听，只是一味地说服客户购买，那么，很可能与客户的本意南辕北辙；而如果我们善于倾听，善于把握客户的真实心理，了解客户真正想要什么，才知道如何和顾客达成交易。

从倾听中读懂客户的喜好，再找到沟通重点

大量销售经验告诉我们，人们总是愿意与那些同自己有共同爱好与兴趣的人沟通，而讨厌与那些与自己意见相左，与自己的人生观、价值观完全背离的人沟通。可见，在与客户沟通前，了解客户的喜好也就显得至关重要，它在很大程度上决定了我们是否能与客户愉快沟通，所以销售员在与客户见面时，可以先倾听，抓住客户的兴趣所在，再根据客户的兴趣进行重点沟通。

小周是一名保健品销售员，因为工作需要，他经常要去跑市场。

一天，他来到一个社区，正准备找个地方坐下来好好看资料，此时，他看到一个凉亭，而凉亭里的长椅上坐着一位孕妇和一位老妇人。他递给旁边路过的大爷一支烟，问："那好像是一对母女吧？她们长得可真像。"大爷回答："就是一对母女，女儿马上就要生了，母亲从老家来照顾她，父亲一个人在家里……"

这样，小周知道了母女二人的关系，就也走进凉亭，他亲切地提醒孕妇："虽然是夏天，但是还得注意，看你的肚子已经很大，千万别在这种冰凉的地方坐太久，你可能现在没什么感觉，年龄大了以后会感觉不舒服的，等生下小孩以后就更要注意了。"

他又转向那位老妇人："现在的年轻人不太讲究这些，但家里老辈儿说的话还是很有道理的，幸亏有您的照顾。"

小周的话让老妇人立即来了精神，她赶紧说："现在像你这样觉得我们老年人说话有道理的年轻人真是太少了啊，我也经常提醒我女儿，不要吃冷的，不要用冷水，不要吃辛辣的，她就是不注意……我在医院妇产科当过很多年的妇科医生，很多事我再清楚不过了，当年从我手上生过孩子的女人不计其数……"在老妇人说这些话的过程中，小周一直在认真倾听。

等老妇人说完，小周才开口："是吗？太好了！那您肯定

第9章 用心倾听：会"说"还要会"听"，聆听是最好的销售语言

知道怎么照顾孕妇和小孩了。我最近也在学习这方面的知识，因为我爱人马上也要生产了，这下子真是找到老师了。"

后来，他们又从孕妇的饮食聊到坐月子注意事项甚至到产后恢复，最后还说到老年人的养生问题。后来，无意识间，老妇人才注意到小周手中的产品资料和样品……

案例中，我们发现，保健品销售员小周之所以能与这位老妇人建立感情，与她开怀畅谈，就是因为他先掌握了老妇人关心女儿的心理，然后从孕妇应该注意的事项谈起，打开了客户的话匣子，并注意积极倾听，在获得客户的认同后，推销产品也就容易得多。

一般情况下，我们与客户刚开始接触时，他们不但不会立即对产品产生兴趣，甚至还会抵触。这种情况下，我们就不能贸然推销，而应该先在最短时间内找到客户感兴趣的话题，打开客户的话匣子，让客户多说，最后再伺机引出自己的销售目的，那么就可以使整个销售沟通充满生机。

也就是说，引起客户注意，善于倾听，找出客户的喜好，激发客户兴趣，让客户感到满意，这是一个好的销售开始的线索。

那么具体来说，销售员应该如何从倾听中挖掘出客户的喜好，进而找到与客户沟通的契机呢？

我们要善于观察，认真倾听与询问，先看周围的谈话环境，然后进行询问，再进行分析，得出客户"心中所系"，继

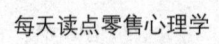

而引入共同话题。例如，销售员可以从客户的事业、家庭、兴趣爱好等入手谈起，以此活跃沟通气氛、增加客户对你的好感。

通常情况下，人们一般都对以下问题比较感兴趣。

（1）客户的兴趣爱好，如某项体育运动、某种娱乐休闲方式等。

（2）某些新闻或者时事焦点，如房价、体育、医疗、油价等。

（3）关于客户的家庭成员的情况，如孩子几岁了、学习状况、老人的身体状况等。

（4）客户内心深处比较怀念或者难忘的事情，和客户一起怀旧。

（5）客户曾经获得的荣誉、公司的业绩等。

（6）谈论客户的身体，如提醒客户注意自己和家人身体的保养等。

当然，除了倾听与询问等方式外，在与客户进行销售沟通之前，销售员十分有必要花费一定的时间和精力对客户的特殊喜好与品位等进行研究，这样在沟通过程中才能有的放矢。

由此可见，成功销售是有章可循、有法可依的。只要你在销售过程中巧妙运用沟通技巧，不断探索总结自身的销售心得，就能在销售交谊舞中游刃有余！

第9章 用心倾听：会"说"还要会"听"，聆听是最好的销售语言

制造共鸣，让客户愿意向你倾诉

现实生活中，我们发现，对于我们的朋友，我们会不由自主地信任，而对于陌生的推销人员，我们却本能地戒备。从这一点，可以得出启示，要想销售成功可以先拉近与客户的距离，成为客户的朋友。那么，人与人之间为什么会由陌生人变成朋友？因为情感的共鸣！人们都喜欢与同自己意见、看法一致、三观相同，也就是"志同道合"的人成为朋友，而对那些意见相左、观念差异很大的人退避三舍。因此，在与客户沟通的过程中，你不妨先不谈销售，把客户当作真心朋友，倾听其内心想法，多多制造共鸣，你会很轻松，在业务上更会有意外收获。

销售中，要探寻出客户关心的话题，我们可以根据具体的谈话环境，多仔细观察并积极倾听，进行分析，继而引入共同话题。例如，销售员可以从客户的事业、家庭以及兴趣爱好等入手谈起，以此活跃沟通气氛、增加客户对你的好感。

那么，销售中，我们如何在倾听中与客户制造共鸣呢？

1. 认真倾听客户陈述自己的烦恼

这天，厨具销售员小钱来到某准客户家，她先敲了敲门，开门的是位中年女士，小钱打量了下，这位女士好像很不开心的样子，应该是遇到了什么事，于是小钱赶紧说："大姐，您怎么了，遇到什么伤心的事情了吗？"

客户："没什么，请问您哪位？有什么事吗？"

小钱："我是一名厨具销售员，在刚才之前，我的任务是将公司产品推销出去，现在我看到您一脸的愁容，我觉得我有其他的使命了。"

客户："您太贴心了，不过我没什么事，谢谢。"

小钱："家家有本难念的经，我能理解，尤其是咱们女人，在外要打拼，回家还要操持家务，要照顾好丈夫和小孩，真的是分身乏术。"

客户："你说得太对了。如果丈夫是个贴心的还好，如果不贴心，我们真的是无处申冤，我的丈夫就是一个永远不知足的人，我这么努力，家里家外，他不但不理解我，还一回来就跟我吵，说我做饭不好吃，说我不爱打扮自己，难道他是准备再找个年轻的吗？"

小钱："大姐，不管怎样，我觉得您要先学会爱自己，再和您的丈夫谈谈，这样问题才能解决，不然即使您伤心，他也不知道啊。"

客户："你说得有道理。我想自己需要勇敢点，对了，你刚才说你要推销厨具，有什么产品呢？"

小钱："……"

当面对关系不亲密、甚至完全陌生的销售员，客户即使

"心有千千结"，也不会倾诉，而当小钱以真诚的态度表达对她的关心时，她就能慢慢放下戒备，而且，小钱懂得从女人的难处这一角度来说话，更让她感同身受。于是，她的心就彻底向小钱敞开了，也就把小钱当成情感倾诉的对象，主动问及产品更是水到渠成的事。

2. 始终面带微笑地聆听

推销大师乔·吉拉德说，有人拿着100美元的东西，却连10美元都卖不掉，为什么？他的表情会告诉你答案，推销产品前先把自己推销出去，如果目光呆滞、神色淡然，你给人传达的信息就是冷漠，而对方自然会拒绝。

笑容可以增加你的分值。乔·吉拉德这样解释他富有感染力并为他带来财富的笑容：皱眉需要9块肌肉，而微笑，不仅用嘴、用眼睛，还要用手臂、用整个身体。

"当你笑时，整个世界都在笑。一脸苦相没有人愿意理睬你。"他说，从今天起，直到你生命最后一刻，用心笑吧。

"世界上有60亿人口，如果我们都找到两大武器：倾听和微笑，人与人就会更加亲近。"

乔·吉拉德本身就是喜欢微笑的人，他每天面带微笑上班，笑对客户，正是因为微笑让他的客户对他产生好感，从而愿意听他诉说，愿意购买他推销的车。

笑容始终是销售员打动客户的法宝，而客户也总喜欢那些热情、爱笑的销售员。所以说，作为销售员，我们要时常把热情变成一种习惯，学会微笑，用真诚的微笑去感染他人。经常锻炼面部肌肉，随时都能露出笑脸。

可见，与陌生客户交谈，我们如果能善加引导，打开客户的心扉，让其对我们一吐为快，那么，不仅有利于了解其内心真实想法，还有利于拉近和客户在心理上的距离，让他更容易接受你的劝说，从而获得销售上的成功。

倾听也要回应，别让客户唱"独角戏"

前面，我们已经分析过倾听在销售活动中的重要性，懂得倾听是对客户的尊重，更是一个销售员重要的品质之一，是销售取得成功的重要前提，为此，如何倾听也成了销售员关心的重要话题。但事实上，倾听并不只是带着一双耳朵听，真正有效的倾听是需要回应的，因此，并不是所有的销售员都谙于倾听之道。

小赵在一家婚礼策划公司担任市场营销经理，他从事这一行已经有5年时间了，在这5年时间里，他逐渐懂得了如何与客户沟通。

刚工作时，有一次，他与同事参加一次会谈，结果客户的回答却是："你们的设计确实很有意思，做的PPT也很有个

第9章 用心倾听：会"说"还要会"听"，聆听是最好的销售语言

性，我们完全被震住了，相信你们的团队在执行上同样充满激情。不过，我还是要和我未婚妻商量下，看看你们的方案与她的构想是否一致，我们会尽快联络你们的……"本来，会谈时间只安排了一个小时，而小赵从打完招呼的那一刻算起，长达102页的PPT伴随着口若悬河的讲述，占用了至少50分钟。其间客户几度试图说点儿什么，都被他无情地打断。

再后来，小赵懂得了要倾听，因为每一对新人都有一段美丽的爱情故事，毕竟谈生意不是说单口相声。他收起了爱表现的欲望，但问题又出现了，他把说话的机会给了客户，可客户为什么还不满意？一个朋友开玩笑说："你那死鱼般的眼睛能打动客户？"

这下，他终于明白了，原来要有高质量的回应，最后他得出了沟通的一大经验：既要让别人说，还要专注于别人所说，并用眼神加以回应。也正是这一经验，让小赵在短短5年时间内，成为这家公司的市场营销经理。

的确，正如小赵所理解，倾听并不是只带着一双耳朵听就可以的，而是要积极地倾听，将全部的身心都投入进去，要能够站在客户的角度上理解他，并给予及时的回应。当然，回应客户的方式远不止眼神回应，我们还可以通过动作、语言等方式回应。

具体说来，我们在倾听客户说话时有以下几条要点。

1. 认真倾听，别三心二意

你在别人说话的时候保持专注不分心，就是最基本的倾听技巧。这是所有技巧中最难学会的，但它的回报是相当可观的。

我们在倾听客户谈话时，要集中精力，并对其谈话的内容进行分析、概括和汇总，要关注每一个细节，要重视和发现一些不起眼的小信息所起到的作用。

并且，你要做到身体往前倾，直接面向客户，注意力集中在他的脸、嘴和眼睛，这不仅是一种尊重，更是表明你在认真倾听，就好像你要记住客户所说的每一个字那样。

2. 借用肢体语言认可对方

在我们的肢体语言中，表明认可的部分有：不时点头；不时与对方保持目光接触；有兴趣的眼神；面带微笑、专注。

还有一个比较好的方法是，你可以把自己当成一面镜子，别人微笑的时候，你也微笑；别人皱眉时，你也皱眉；别人点头时，你也点头⋯⋯

3. 有意见时也别急着打断，等客户说完再开口

如果客户说出的是我们不同意的观点、意见，我们会在心里阐述自己的看法并反驳对方，但千万别打断客户，别急于反驳或者做出判断，对不同的想法和不正确的观点，要待对方说完以后再做进一步的交流。

4. 不忘眼神交流

"眼睛是心灵的窗户"，那么为什么要关闭窗户，让客户来猜心思呢？

如果你埋怨客户不理解你、不相信你，那么，首先反思一下自己，你在倾听时的眼神是怎样的？如果你眼神空洞，那么，又怎么能指望客户信任你呢？

我们与顾客谈兴正浓时，不要东张西望或者总是看手机、看表，这只会显得你不耐烦，也是一种失礼的表现。如果目光游移不定就会使客户联想到轻浮或不诚实，就会对我们格外警惕和防范。这显然会拉大彼此间的心理距离，为良好的沟通设置难以跨越的障碍。

5. 复述

复述对方的话是一种认同对方观点的表现，更能说明你认真倾听了。

6. 表达认同，但要先停顿一下

当客户讲完以后，你一定要表达自己的意见，也就是反馈，但一定不要心急，不可心里想什么就直接说出来，不妨先等个几分钟，这样做，有三个好处，首先，如果客户只是暂时停顿、整理思绪，那么，着急发表意见只会打断客户；其次，沉默是一种尊重他人意见的表现，对客户的言论表示慎重，这是一种最大的恭维；最后，这样也可以给自己留下思考的空间，方便应付与客户接下来的谈话。

虚心请教，让客户乐于为你提出批评与建议

先贤孔子曾说："人之患，在好为人师表。"的确，渴望被尊重和认可是每个人的愿望，而"好为人师"，是人性的一个弱点，这一点，不分年龄和性别以及职业等。法国大作家罗曼·罗兰说："自尊心是人类心灵的伟大杠杆。"只要你能满足对方的自尊心，你也就掌握了对方。

同样，我们的客户也有这一弱点。实际推销中，我们也可以虚心请教，尊对方为老师，抬高客户，甚至可以虚心向对方求教，这样对方就会心情舒畅，心中充满温暖和同情，对你抱有好感，从而不自觉地接受你的推销。

那么，我们该如何抬高客户呢？

赞美式开场，赢得客户的好感和认同。

赞美在推销中的功用早已毋庸置疑，与客户交谈，我们要学会把其放到较高的位置上，并虚心地请教其问题，能满足其虚荣心和好为人师的心理。可见，有时，对客户的请教也是一种委婉的赞美方式。真诚地去请教客户，往往是打开销售之门的一把钥匙。例如，你可以这样说：

"王总，您在业界白手起家的故事我们耳熟能详，我真的很想请教一下您，当时您是怎么做出决定来创业的呢？"

"听说您是计算机方面的专家，想请教一下您……"

"专家就是专家，您提的问题都与一般人不一样，都提到

点子上了……"

"张先生，听说您也是学营销出身，有机会一定当面向您请教……"

"李总，您公司目前在物流服务领域做得这么成功，当初您是怎么想起来开展这项业务的呢？"

美国一位著名的哲学家说："驱使人们行动的最重要的动机是做个重要人物的欲望。"可见，说话谦逊，抬高客户，会让对方听起来更悦耳舒服。这也是我们在开发客户过程中要使用的一项必备说话技能！

听者有心，学会将话题转移到销售上

倾听在销售中的作用早已毋庸置疑，在销售界，有一条已经被公认的金科玉律：如果你想成为优秀的销售员，如果你想搞定客户，就要注重倾听，并且要将听和说的比例调整为2∶1，也就是说，70%的时间让客户说，你倾听；30%的时间来发问、赞美和鼓励他说。只有这样，销售员才能打开推销之门，成为顶尖的销售员。

反过来，我们倾听客户谈话，最终目的是成交，所以，倾听是服务于销售的，这就要求我们在倾听客户说话的过程中多留心，千万别把倾听当成闲话家常，而要及时把话题转到销售工作上。

那么,我们该如何在倾听中将话题过渡到销售上来呢?以下是几点心理策略。

1. 倾听不能"傻听",要听出关键点

利特尔公司是世界最著名的科技咨询公司之一。但你可能想象不到,一开始,这只是其创始人利特尔建立的一个小小的化学实验室,并不为人知晓,但后来发生的一件事却让这个小小的实验室名声大振。

事情原来是这样的:

在1921年的一次大会上,聚集了来自科学界的很多大亨,大家高谈阔论科学和生产的关系。

一位大亨高谈阔论,否定科学对企业生产的重要作用。这位大亨挑战性地对利特尔说:"我的钱太多了,所有的钱袋已经不够用了,想找猪耳朵做的丝线袋来装钱。或许你的科学能帮这个忙,如果能做成这样的钱袋,大家都会把你当科学家的。"说完,他哈哈大笑起来。

聪明的利特尔当然能听出这段话里的轻蔑,他感到非常气愤,恨不得给这种无聊的人几个耳光,可是他忍住了,并没有爆发,反而谦逊地说:"谢谢你的指点。"

此后不久,市场上的猪耳朵被利特尔公司暗中收购一空。购回的猪耳朵被利特尔公司的化学家分解成胶质和纤维组织,

第 9 章 用心倾听：会"说"还要会"听"，聆听是最好的销售语言

又把这些物质制成可纺织纤维，再纺成丝线，并染上各种不同的美丽的颜色，编织成五光十色的丝线袋。

这就是猪耳朵丝线袋，这种钱袋投放市场后，顿时被一抢而空。

"用猪耳朵制丝线袋"，在别人看来不过是一个恶毒的挑战，也是不可能的事情，但竟然真的实现了，看来荒诞不经的恶毒挑战被粉碎了。那些不相信科学是企业的翅膀，同时也看不起利特尔的人，不得不对利特尔刮目相看。

利特尔听出了大亨的弦外之音，不露声色，暗地里却做好准备，收购猪耳朵，并通过科学的方法将猪耳朵制成丝线袋，不仅为自己带来了经济利益，还粉碎了大亨的恶毒挑战，一举成名。这个故事同样给从事销售的人一个启示：倾听不能"傻听"，要听出关键点，才能有助于销售，否则就会本末倒置。

2. 把握销售进程，及时将话题转到销售上

"大爷，已经入冬了，而且，听说冷空气马上南下，估计还得大降温，今年冬天的天气真是没有往年好呀。您岁数大了，尤其要注意保暖，省得头疼感冒不说，还可以减轻关节炎的疼痛。您看一下这个适合老年人的护膝，它既暖和又舒适，而且非常结实……"

在倾听后,虽然销售员已经了解客户的需求,并针对这些需求与客户进行交流,但却还未必能达到销售目的,此时,还需要我们巧妙转折,将话题从客户需求转到销售沟通的核心问题上。

另外,我们在将话题转换到销售上时,要多使用积极的语言,这样在转化话题的时候,会更自然、巧妙,能更好地引导顾客从有利的一面看待产品,从而促进产品销售。

总之,倾听是有效沟通的重要基础。而且,善于倾听的人不会一味地傻听,而是要分析出倾听的内容中哪些是主要的,哪些是次要的,以便抓住事实背后的主要意思。我们倾听客户说话,也要抓住有利于销售的关键点,不要被个别枝节吸引。

第 10 章

心理暗示，成功推销的关键是始终把握客户的心理走向

我们都知道，任何一个销售过程，无论是烦琐还是简易，总结起来，就是劝服客户接受产品的过程。我们发现，那些销售精英似乎都有某种魔力，他们似乎能通过一句话、一个动作、一个眼神甚至一点点技巧，就让客户被他们"牵着鼻子走"，心甘情愿购买产品。其实，这是因为他们懂得心理暗示的技巧，在我们的生活中，我们每个人每天都在不自觉地接受来自周围的暗示，暗示一旦被运用到销售活动中，将会对我们的销售员起到巨大的帮助作用。

善用语言技巧，始终掌握谈话的主动权

我们发现，在销售和推销过程中，作为销售员，我们最担心和最害怕看到的，就是一些意外状况的出现，这是销售员防不胜防的。对于这样的情况，我们千万不要泄气，不要灰心，一定要牢记我们的推销目的，并且要把控整个谈话的主动权，一切言行从对方利益出发，提出方案后，立即行动，主动、积极地去扭转、控制整个谈话局面。

那么，销售员在销售的过程中，该怎样套出客户的内心想法，并予以解决，从而把握整个谈话方向呢？

1. 语言暗示，影响客户的心理

销售员在对客户的资料进行了解和整合后，不妨采用语言暗示，以此来影响客户的心理。例如，我可以这样说："女士，您要是为您的孩子购买一款这样的智能学习机的话，那么，周末的下午，您就可以解放自己，让孩子自己快乐地学习了！"

2. 套出客户的真心话

很多销售员在面对客户时，滔滔不绝地谈论产品，信心满满地以为客户肯定会购买，但到最后客户却说"考虑看看"，一些销售员以为客户真的需要考虑，就耐心等待，谁知一直等不到结果。

其实，客户这样说——"要考虑"，并不是真的想考虑，而是已经对你提出拒绝，此时，销售员如果认为客户只是还需要时间的话，那么，就太"天真了"！处理这种状况是有点棘手，因为客户会说出这句话，多半是在销售员已经做相当多的说明后，就算勉强再运用其他语言处理，效果也不会很好。

即使客户先前一直表示赞同，但是在购买的关键时刻决定"考虑"，此时，继续推销只会增加客户的厌恶。所以，必须改变一下策略，尽量引导客户说出真心话。例如，客户说："我是很想买，但是这个月我的花费已经超支了。"若能让客户说出真心话，那么，改变客户的最终决定还是有希望的。

所以，在推销中，销售员若希望暗示起到作用，首先要调整好自己的心态，才能影响客户，要有"被拒绝是当然的事"的心理准备。被拒绝对于销售员来说，是再正常不过的事，不能恐惧被拒绝，要坚强地面对客户的拒绝，引导客户说出真心话。

欲擒故纵，让客户一开始就对产品充满期待

在推销过程中，一些销售员深知谈话过程中掌控主导权的重要性，所以在与客户沟通时，一味地步步紧逼，让客户感到

压力很大，而客户购物是本着"开心"的原则，当他们觉得压力无法承受的时候，就会表现出对销售员的反感，从而放弃和销售员的沟通。但是，反其道而行之，如果使用欲擒故纵的方法，先"晾着"客户，暂时对他们淡漠，或许能让他们放松警惕，更容易推销出自己的产品，成功占领市场，达到"擒"住客户的目的。

欲擒故纵法，其实是古代战争中的战术，同样可以运用到现代商战中，顾名思义，就是在交易开始时，为了让客户有进一步交易的兴趣，故意放慢速度或先冷淡对方片刻，再激起对方的兴趣，从而慢慢促成销售的方法。在词性上，"擒"和"纵"是一对矛盾体，但用辩证的眼光看待时，它们在一定条件下是可以互相转化、互通有无的。

老张是个勤勤恳恳、踏实本分的人，结婚那年，他买了辆车，为的是以后能接送爱人和孩子。如今，孩子15岁了，他的车也十几年了，现在的老张和妻子经营一家饭店，生意非常好，老张家的经济条件好了很多，夫妻二人商量先把这辆车卖掉，然后再买辆新车。

于是，老张就跟几个车行的人联系了，叫他们上门来看车。

第一个车商来看，一句好话都没有说，先损了一通老张的车，老张听完一肚子火，还没有等他开价，就下了逐客令：

第10章 心理暗示，成功推销的关键是始终把握客户的心理走向

"你走吧，这车我不卖给你了。"

第二位车商来看车时，第一句话就是："这车怎么保养得这么好！"

老张说："我妻子开得多，我不怎么开，她比较爱惜，而且我又不抽烟，所以很干净。"

车商："难怪，这车15年了，还能这么新，真不容易。"

这话说到老张心里去了，两个人就在那里聊起来，最后车以8万元成交，离老张原想的10万元目标，还差了2万元。

在销售行业，有句老话为"先贬其值，才能砍其价"，第一位车商就是运用的这种方法，但是很明显，他的话让客户颇为不悦，还把客户惹火了，客户宁愿失去成交的机会也不愿继续交易，从而失去了后面谈判的机会。很明显，这种做法不是明智之举。

第二位车商，反其道而行，多夸赞对方，把对方夸得心花怒放，最终轻易取得了他的信任，得到了让价和交易的成功。

那么，我们该如何妙用欲擒故纵法呢？

1. 劝导客户体验产品

这也是一个比较好的"欲擒故纵"法。

这种方法的好处是，客户先自己去体验，远比苦口婆心地劝说的效果来得更直接。并且，一般情况下，我们给予客户的体验多是免费的，客户一般不会拒绝。

因此，在与客户面谈的时候，我们可以顺便带上产品，让客户"看得见、摸得着"，在他们试用这些产品的过程中，如果喜欢上产品的功能和特性，试用结束后往往就会掏钱购买，从准客户变成客户。

另外，让客户亲身体验产品，也很容易提高产品的知名度和市场占有率，一个忠诚的客户所带来的商机也是不可估量的。

2. 限量销售

在给客户体验产品后，可以略施小计，让客户对产品感兴趣并在短时间内做出决定，那就是限量销售。前面，我们也已经提及过限量销售的案例与好处——控制日销售的产品量或产品总量，可以诱惑消费者，从而提高产品知名度和受欢迎程度。很多客户一听到是限量销售，都有害怕失去的心理，因此，他们在面谈的开始阶段，就会下决心购买。

3. 学会"低价留尾"和"高价留尾"

价格问题是销售中最为敏感却又避免不了的话题，需要销售员谨慎处理，处理不好，就很难将销售活动进行下去，甚至有失败的可能。

在价格上，销售员也可以欲擒故纵。我们可以采用"低价留尾"和"高价留尾"的方法，"低价留尾"，就是报个低价，但前提是要规定一个起订量，起订量必须达到一定数额，甚至大大高于你所估计的客户可能的订购量也没有关系，关键是低价能引发客户的兴趣,如此,以后涨价也有托词,"订量不够当然要贵一点点嘛",这样客户更能接受。"高价留尾",就是先给出一个高价,而与之相应的订货量比较小,客户很容易达到,并承诺如果超过这一订货量,就有折扣。

封闭式提问,潜入客户的思维

在销售中,很多销售精英都深知提问在掌控沟通局势中的重要性,而提问的方式有很多种,其中就有封闭式提问。那么,什么是封闭式提问呢?

封闭式提问,是指所能给予的答案有唯一性、范围较小、有限制的问题,对回答的内容有一定限制,提问时,给对方一个框架,让对方在可选的几个答案中进行选择。销售员在与客户沟通的过程中,对其进行封闭式提问,能控制谈话走向,逐步引导客户,让客户接受我们的建议,最终实现成交。可见,封闭式提问的重要性。

那么,销售员该怎样对客户进行封闭式提问呢?以下是几点建议。

1. 主动式提问

主动式提问指的是在销售员对产品的某一方面属性介绍完后,就客户的感受直接提出问题,目的是得到客户的反馈。一般

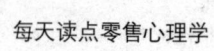

来说，只要销售员注意自己的说话方式，客户都会直接、正面回答这些提问。例如，销售员可以直接问客户："这款手机是采用最新的流行颜色设计的，不知道您喜欢不喜欢这种颜色呢？"如果客户说他不太喜欢，那么"症结"就已经找到了。

2. 提答案为"是"或"否"的问句

客户的答案只有"是"或"不是"，更有利于我们掌控局势。

例如：

客户："我们现在手机电池的续航时间都太短了，有时候一天得充好几次电。"

销售员："所以您希望电池的使用时间长些，对吗？"（用选择式询问确定需要）

客户："是。"

3. 建议式提问

采用提问的方式对客户提意见，比单纯的建议客户购买产生的作用更大、效果更好，因为虽然是提问，但最终的决定权还在客户手里，客户会有一种被尊重的感觉。

"您看您是分期付款还是全款？"

"您看您是亲自过来还是我给您把保单送过去呢？"

在交谈中，应避免用下面的方式：

"您觉得这个怎么解决？"

"您看，还是尽快将字签了吧！"

主动约见客户，我们可以采用这样的话术："王总，通过刚才的通话，我们发现，这个问题已经成为迫在眉睫的事了，既然如此，您看我们是明天或者后天抽个时间见一次面，再当面细谈。"当对方决定与你见面时，电话销售就算完成。

4. 二选一式提问

二选一的提问方式，会让销售员在无形中接纳你给的选项，继而做出购买的决定。很多时候，如果销售员发现客户已经有购买意向，但就是不购买，此时，你可以对客户使用这样的提问方式。

在销售过程中，如果销售员懂得选择恰当的提问方式，便可以引导客户进入我们设置好的谈话模式中，变被动为主动；如果销售员不懂得如何提问题的话，销售员将无法获得客户信息。

利益引导法，如何利用客户爱占便宜的心理

前面，我们已经提及，我们每个人都有贪小便宜的心理，谁会拒绝那些免费的东西呢？可能我们经常会遇到这样的场景：时装店内，一件T恤80元，一件衬衣也是80元，你劝服客户购买，他们会觉得贵，但是如果你告诉他，买两件就是150元，客户会马上在心里盘算起来：如果两件一起买了，只需要150

元，就是这10块钱，对客户产生了很大的诱惑力，其实呢，商家还是赚了。

那么，客户为什么愿意以多一倍的价钱买走两件商品，而其中一件可能他并不需要呢？这就是客户爱占便宜的心理作祟，所以我们在生活中经常看到捆绑销售的策略，如两件八折、三件七折或者买一送一等。

捆绑销售的策略给了他们一种心理错觉，那就是自己占了便宜。

所以，销售中，如果我们能掌握客户的这一心理，与客户交谈，想方设法地给顾客这种占了便宜的感觉，那么，成交的可能性将大大增加。

小辉放寒假了，这个寒假他想做做兼职，体验一下生活，于是，经人介绍，他来超市当起了促销员。

小辉负责的区域是副食品，下午的时候，奶糖区来了一位想买巧克力的男人，男人问了问价格，觉得有点贵，于是对旁边的售货员小辉说："能不能便宜一些啊，我要得不少呢！"

小辉为难地说道："真不好意思，超市都有定价的，而且是规定死的价格，我也想给您便宜，这样我自己多卖点，就可以多拿提成，但是如果这样做，还得我把差价补起来，您看这样行不？如果你能买20斤以上的话，我们就给您送一个储物盒。"

第 10 章　心理暗示，成功推销的关键是始终把握客户的心理走向

男人听了，说："你们也不容易，我买东西，不能让你们付钱啊，来吧，帮我称上20斤。"

这则案例中，促销员小辉在顾客要求降价的情况下，没有直接拒绝，而是先传达了自己的难处，表明商品价格不是自己能做主的，并且，为了弥补客户，他提出给客户赠送储物盒，这样，客户自然能理解销售员的苦衷，所以不再挑剔价格，一下子买了20斤的巧克力。顾客能够理解销售员，才会有和销售员双赢的心理，至少买了商品，让双方都不要吃亏。所以，销售员在销售中要能让客户理解自己，这是赢得客户的关键。

那么在具体的销售中，到底如何才能满足客户的这种心理，达成最后的合作呢？主要分以下几种情况。

1. 顾客质疑产品性价比

每个客户都希望自己能购买到物美价廉甚至物超所值的产品，所以当你报价后，他们会产生怀疑，怀疑自己是不是买贵了，此时，我们要告诉客户：您是位眼光独到的人，您现在难道怀疑自己了？您的决定是英明的，您不信任我没有关系，您也不相信自己吗？

2. 顾客认为你的产品比其他家贵

针对这一点，你要委婉地让客户明白：一分钱一分货，现在并不是所有的货都是真货，假货泛滥，一定要小心被骗。另外，我们最好还要帮助客户分析出竞争对手产品便宜的原因，

我们可以这样说：

"我××（亲戚或朋友）之前在他们那里买了××，不到一周就出现了异响，售后又不给处理，我们过去问，态度还不好……"客户听完，也就能明白为什么别的地方的产品便宜了。

或者你可以告知客户："××先生，对方的确比我们这里便宜一点，但是我们的价格还包含产品服务的，我们终生免费清洗、十年质保，可以提供××。您在别的地方购买，没有这么多服务项目，您还得自己花钱请人来做××，这样又耽误您的时间，又没有节省钱，还是我们这里比较合理。"

3.顾客认为优惠不到位

针对这种情况，我们依然要让客户明白的是，便宜没好货，一分价钱一分货。我们可以对客户说："这个价位已经是最低价位了，刚才我也问了经理，实在是无法再降了。"客户一听，明白你也有难处，也就不再为难你，而心甘情愿地购买了。另外，我们还可以这样说："真正价值高的产品，一般在价格上都会稍高一点，用最低廉的价格购买到最优质的产品一般是不大可能的。"

总之，客户最关心的永远是利益问题，针对客户的不同心理进行引导，才能让客户产生及时购买的欲望。

第 10 章 心理暗示，成功推销的关键是始终把握客户的心理走向

妙用心理暗示，让客户迅速做出购买决定

心理暗示的强大作用就是在悄无声息中影响他人，同样，销售中，就有这样一些神奇的销售员，他们三言两语就能让客户遵从着他们的意愿去购买产品。其实，这也是因为他们运用了心理暗示的技巧。销售的最终目的就是实现购买，因此，在成交阶段的心理暗示就更为重要。

小吴从事的是生产设备推销的工作，从从事这一行开始，他已经为很多工厂更换设备，这些工厂的生产效率也提高了不少。

但是最近，小吴遇到了一件苦恼的事：他接触的这位客户是个老顽固，这位客户工厂里的机器已经陈旧得几乎无法再继续使用，但他就是不愿更换，任凭小吴苦口婆心地分析更新设备的利弊得失，他就是不为所动。

最后，小吴决定亲自去这位客户的工厂里看看。

来到工厂后，小吴在客户经理的带领下，看了一遍生产车间，小吴心想：这些破旧的机器，怎么能提高产量！于是，他突发奇想，对客户经理说：“您知道隔壁工厂这月的生产量吗？”

客户：“我知道，我也一直搞不明白啊，以前我们两家厂的效率差不多，出货量也差不多，但最近它们不知道为什么，生产量突飞猛进。"

小吴：“其实很简单，他们购买了我们公司新研发的××

牌生产设备，生产效率大大提高。实际上，不仅是它们一家工厂，全市大部分同行业的工厂都购买了我们的设备，我想汪总您也不希望自己落后吧。"

客户很尴尬，之后，在同小吴的交谈中一度陷入沉思。最后，当小吴即将离开时，他主动提出想购买一套新的生产设备。

这则销售案例中，销售员小吴之所以能让顽固的客户最终决定购买新的生产设备，是由于他利用暗示的方法，让客户认识到如果自己不购买产品，将会落后于同行和竞争对手，迫使客户心理失衡。

现实推销中，那些推销高手之所以有良好的销售业绩，往往就在于他们懂得揣摩客户的心理，懂得运用一些暗示方法。

当然，暗示的方法有很多种，我们可以总结为以下几点。

1. 动作暗示

我们先通过日常生活中的一个小小的细节，来说明适时促进成交的重要性。

生活中，可能我们都有这样的体会，我们去买菜的时候，当你问卖菜大姐蔬菜怎么卖，她一边告诉你价钱，一边为你递上塑料袋，这时，即使你觉得她的菜价有点贵，但还是不自觉地接上她递给你的袋子挑选蔬菜，很奇怪，几乎没有人会拒绝这样的暗示。

其实，卖菜大姐并不懂什么所谓的销售理论和心理暗示知识，但却是"促进成交"的"高手"。其实，递塑料袋这个简单的动作本身，已经是在暗示你做出购买的决定，鼓励你下定购买的决心。

2. 语言暗示

"这个礼品多显档次啊，您送给客户，客户一定会很高兴的。"

因为每个客户都希望自己能买得物有所值甚至是物超所值，所以，他们会对是否购买产品产生动摇，如果你能这样说，则从其他人的角度暗示客户，他的购买决定是明智的。销售员还可以从如下三个方面帮助客户分析。

（1）应从长远的角度看。你要让客户明白，他购买你的产品是一件很英明的投资行为，既然是投资，就要把眼光放长远一点，不能局限于现在，产品是否购买得物有所值也不是购买的瞬间能感受到的，而应该在使用的过程中才能感受到。

（2）反问客户，让客户坚信自己是明智的。你可以这样反问客户：您是位有品位的人，一直对时尚有敏锐的触觉，怎么，您连您自己都不相信吗？

（3）暗示客户如果不购买可能会造成某种利益上的损失。销售过程中，我们经常会遇到这样一些顾客，他们似乎总是很冷静，但如果我们能从反面说服，暗示客户如果不购买产品可能造成的某种损失，那么，客户是不会眼睁睁看着自己面临损失或者丧失利益而无动于衷的。

可见，只要我们能主动出击，巧用语言和动作暗示，掌握销售的主动权，顾客一般都会向我们敞开大门或立即成交。

参考文献

[1]曹华宗.销售攻心术[M].北京：中华工商联合出版社有限责任公司，2010.

[2]李昊轩.一本书读懂销售心理学[M].北京：中国商业出版社，2012.

[3]李敏.销售心理学[M].北京：中国法制出版社，2016.

[4]李哲远.一学就会的销售心理学[M].北京：现代出版社，2017.